그렉 L. 호킨스 GREG L. HAWKINS · 캘리 파킨슨 CALLY PARKINSON

서문 | 존 오트버그 John Ortberg　　　맺는 말 | 빌 하이벨스 Bill Hybels　　　옮긴이 | 김명호

나를 따르라

FOLLOW ME

당신의 다음 단계는 무엇일까?

국제제자훈련원

존 오트버그

목사
멘로파크장로교회

spiritual growth 영적성장

서 문

영적 성장은 어떤 기준을 정하거나 측정하기가 힘든 영역이다. 영적 성장은 신비롭다. 파악도 쉽지 않다. 부는 바람과 같아서 소리는 들리지만 어디에서 오며 어디로 가는지조차 알 수 없다.

그런데 이렇게 영적 성장을 측정하려는 시도보다 더 어리석은 짓이 하나 있다. 그것은 영적 성장을 측정하는 일을 아예 포기하는 것이다. 만약 우리가 영정 성장을 정말 중요하게 여긴다면 그것에 대해 끊임없이 정보를 추적할 것이기 때문이다.

오순절에 성령의 바람이 불고 누군가 세례 받는 사람의 숫자 3천 명이었다를 헤아리기 시작할 때부터 사람들은 영적 성장을 측정하기 위해 노력해 왔다. 달라스 윌라드 Dallas Willard 나 론 사이더 Ron Sider 같은 저자들은 교회에 출석하고 성경을 믿는다는 오늘의 그리스도인들이 세상 사람들과 전혀 다르게 행동하고 있지 않다는 사실을 여러 번 언급했다. 이것은 그저 단순한 문제가 아니라 비극이며 치욕이다. 언제, 어떻게 영적 변화가 일어나는지 평가하는 것은 힘들 수 있다. 하지만 우리는 노력해야만 한다.

나는 첫 번째 나온 책 『발견』 REVEAL 연구에 참여했던 교회의 일원이었다. 그 한번의 설문조사를 통해서 지금까지 시도해 왔던 모든 사역들이 효과적인지 아닌지 이해할 수 있었다.

2007년, 리더십 서밋 leadership summit 에서 발견 REVEAL 의 연구 결과를 처음 발표했을 당시, 나는 윌로크릭교회의 예배당에 함께 있었다. 여러분도 그 자리에 있었다면 수천 명의 교회 지도자들의 그 한 가지 연구 결과에 대해 반응하는 소리를 들을 수 있었을 것이다. 그 발표는 나에게도 매우 중요하게 다가왔고 동시에 나를 아주 심란하게 만들었다. 그것은 영적 삶의 발달 과정이 교회 활동에 비례해 영적 성숙을 이룬다고 예상했던 우리의 생각이 잘못

> 언제, 어떻게 영적 변화가 일어나는지 평가하는 것은 힘들 수 있다. 하지만 우리는 노력해야만 한다.

되었다는 것이었다. 이 연구 결과의 발표는 나에게 지금까지는 거의 들어보지 못한 충격적인 정보였고, 동시에 그 어느 누구도 의심의 여지가 없는 분명한 사실이었다. 완전히 벌거벗겨졌다. 벌거숭이 임금님의 옷이 빌딩 밖으로 사라진 것이다.

하지만 캐내야 할 더 깊고 풍부한 정보는 아직도 많다. 한 단계에서 다음 단계로 넘어갈 때 촉진요소 역할을 하는 영적 태도와 믿음은 무엇인가? 하나님께 가까이 나아가는 여정에 사람들에게 가장 도움이 되는 실천사항은 무엇인가? 교회가 예배를 늘이거나 헌금을 더 끌어 모으는 것 말고, 사람들 안에 예수님의 형상이 형성되도록 도와주는 '최선의 방법'을 어떻게 찾을 수 있을까?

그 질문에 대답하기 위해 생긴 두 번째 라운드가 '나를 따르라'이다. 처음부터 끝까지 읽고 배우라. 당신의 사역에 이 책을 사용하라. 꼼꼼히 분석하라. 논쟁하라. 비판하라. 영적 성장을 측정하는 더 좋은 방법이 있는지 찾아보라. 측정하는 것이 정말 가능한지, 왜 측정을 해야 하는지, 어떻게 측정할 수 있는지 알아보라.

발견 REVEAL은 교회와 교회 지도자들이 소매를 걷어 붙이고 우리가 어떻게 사람들의 삶에 변화를 끼치고 있는지 진지하게 직면하도록 돕고 있다.

읽고 변하라.

처음부터 끝까지 읽고 배우라. 당신의 사역에 이 책을 사용하라.

존 오트버그

How are we actually doing?

우리는 실제로 어떻게 하고 있는가?

목 차

당신의 다음 단계는 무엇일까? ·· 7

❶ 리더를 따르라 ·· 9
그렉 L. 호킨스(Greg L. Hawkins)

우리가 사람들에게 '나를 따르라'라고 할 때에는 어디로, 어떻게 갈 것인지를 확실히 알아야 한다. 그러나 영적 성장에 대해서는 어떤 것이 최선의 길인지 명확하지 않을 때가 있다. 우리가 사람들에게 권하는 단계가, 그들이 하나님과 가까워지도록 돕는 데 효과적이라는 것을 확실히 알 수 있다면 어떻게 하겠는가? 당신의 방법을 바꿀 용의가 있는가?

❷ 영적 성장의 촉진요소 ·· 23
캘리 파킨슨(Cally Parkinson)

영적 성장은 어떻게 일어나는가? 사람들이 그리스도와 더욱 친밀하고 헌신적인 관계로 나아가도록 어떻게 도울 수 있는가? 우리는 영적 성장 과정에서 성장으로 이끄는 영적 촉진요소의 네 가지 강력한 영역을 살펴볼 것이다.

❸ 영적 성장의 학습곡선 ·· 49
캘리 파킨슨(Cally Parkinson)

초신자의 영적 필요는 헌신된 그리스도의 제자들의 필요와는 확연하게 다르다. 영적 성장의 여러 단계에서 성장을 돕는 것과 아닌 것은 무엇일까?

❹ 영적 성장의 장애물 ··· 81
캘리 파킨슨(Cally Parkinson)

영적 여정에는 좌절도 있다. 많은 그리스도인들이 자신이 하나님과의 관계나 교회에서 탈선했다고 말한다. 어떻게 이런 일이 일어나는가? 영적 성장의 길을 가로막는 장애물은 무엇인가? 그것을 어떻게 하겠는가?

❺ **두 가지 귀중한 발견** 103
    캘리 파킨슨(Cally Parkinson)

> 우리는 4년 동안의 영적 성장 연구를 통해 교회를 도울 수 있는 중요한 두 가지 돌파구를 발견했다. 두 가지 발견 모두 영적 성장에 큰 영향력을 끼칠 수 있고, 지금 당장 실천할 수 있는 것들이다.

❻ **윌로크릭의 변화** 119
    그렉 L. 호킨스(Greg L. Hawkins)

> 변화가 목적이라면, 만지작거리거나 비틀어보는 것만으로는 안 된다. 윌로크릭 교회가 착수하고 있는 세 가지 변화들을 살펴보고, 당신이 섬기는 교회의 영적 운동을 촉진시킬 방법들을 찾아보라.

맺는 말: 그리스도 중심의 전략을 추구하라 138
    빌 하이벨스(Bill Hybels)

부록

부록 1: **발견REVEAL이란 무엇인가?** 143

부록 2: **연구의 조사 방식과 방법론** 144

부록 3: **조사에 참여한 200개의 교회들** 151

부록 4: **발견REVEAL, 영적 삶 조사란 무엇인가?** 156

저자 소개 158

당신의 다음 단계는 무엇일까?

"사람이 나를 섬기려면 나를 따르라. 나 있는 곳에 나를 섬기는 자도 거기 있으리니" 요 12:26 상

♦

믿음을 갖고자 하는 사람들을 사로잡는, 단순하지만 강력한 단어 두 마디는 '나를 따르라'이다.

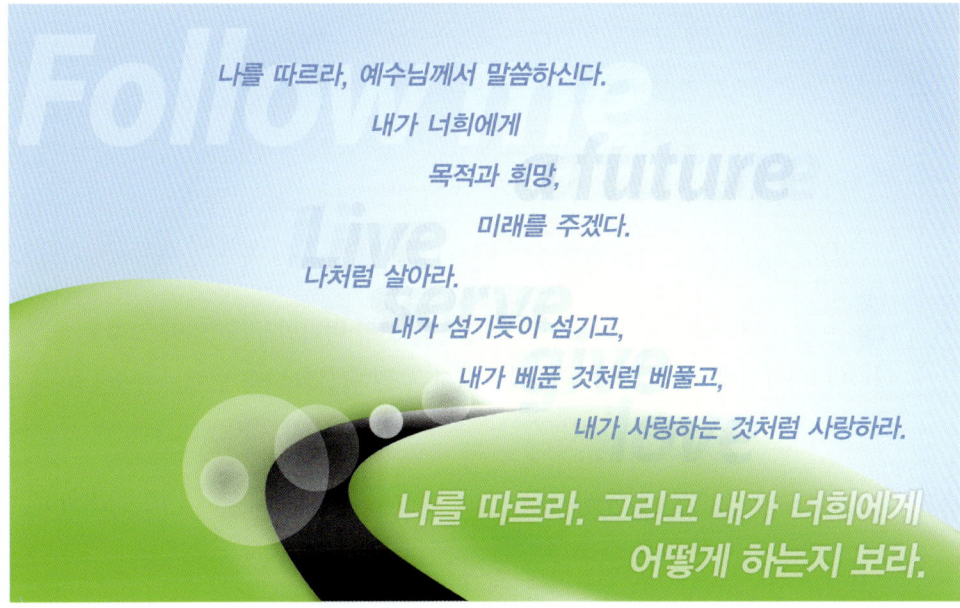

나를 따르라, 예수님께서 말씀하신다.
내가 너희에게
목적과 희망,
미래를 주겠다.
나처럼 살아라.
내가 섬기듯이 섬기고,
내가 베푼 것처럼 베풀고,
내가 사랑하는 것처럼 사랑하라.
나를 따르라. 그리고 내가 너희에게
어떻게 하는지 보라.

이것이 곧 모든 교회 지도자의 목표다.
   사람들이 예수님의 발자취를 따라가도록 인도하는 것.
   그들이 성장과 변화를 경험하며 회복과 온전함,
   하나님 그리고 다른 사람들과의 친밀함을 향하여 나아가도록 인도하는 것.
   그들이 지금 있는 곳에서, 가고 싶은 곳에 도달할 수 있도록 도와주는 것.

하지만 이런 일이 어떻게 가능할까? 진정 그리스도를 향해 나아가도록 돕는 일은 무엇이며, 그렇지 못한 것은 무엇인가?

영적 성장은 예측 가능한가? 촉진시킬 수 있는가? 측정 가능한가?

기독교에 대해 비판적이던 사람들을 온 마음을 다해 하나님께 항복하도록 바꿔 놓은 것은 무엇인가?

우리가 이 대답들을 알았다면 그것이 교회를 운영하는 방식을 바꿔 놓았을까?

일 년 전, 발견REVEAL에서는 "당신은 지금 어디에 있는가?"라는 질문을 던졌었다.

수천의 사람들이 이렇게 대답했다.
> 나는….
>> 그리스도를 알아가고 있다.
>> 그리스도 안에서 성장하고 있다.
>> 그리스도와 친밀하다.
>> 그리스도 중심의 삶을 산다.

그리고 이 대답들은 또 다른 질문들을 촉발시켰다.

우리는 알기 원했다. "당신이 도달하기 원하던 곳이 여기인가?" "만약 그렇지 않다면, 하나님께서는 당신을 어디로 부르시는가? 당신의 다음 단계는 무엇인가? 우리가 어떻게 도울 수 있겠는가?"

200개 교회의 8만 명이 대답했다.

그들이 교회에서 정말 바라는 것, 그들이 경험하는 장애물들, 그리고 그리스도와 친밀하도록 이끌어 주는 것에 대한 속 깊은 통찰력은 당신을 놀라게 할 것이다.

좋은 소식은? 그들은 그리스도를 따르기 원한다.

도전은? 그들을 이끄는 방법에 변화를 주어야만 한다.

영적 성장의 진실, 그리고 우리가 함께할 수 있는 다음 단계에 관한 대화를 계속하기 위해 의자를 당겨 앉으라.

그렉 L. 호킨스 GREG L. HAWKINS

FOLLOW ME

①

리더를 따르라

사람들이 교회와 리더들에게 진정으로 원하는 것

confidence 자신감

우리가 사람들에게 '나를 따르라'라고 할 때에는 어디로, 어떻게 갈 것인지를 확실히 알아야 한다. 그러나 영적 성장에 관해서 어떤 것이 최선의 길인지 명확하지 않을 때가 있다. 우리가 권하는 단계들이 그들이 하나님과 가까워지도록 돕는 데 효과적이라는 것을 확실히 알 수 있다면 어떻게 하겠는가? 당신이 이끄는 방법을 바꿀 용의가 있는가?

transformation
변화

①
리더를 따르라

내가 예수님을 따르겠다고 '예'라고 대답했던 것이 기억난다. 그것은 다음의 두 가지 상황에서 내게 일어났다. 첫 번째 '예'는 나의 죄에 대한 그분의 용서를 받을 때 일어났고, 두 번째 '예'는 몇 년 뒤에 내가 그분께 나의 삶에 대한 권한을 전부 다 드렸을 때 일어났다. 나의 모든 삶은 그분이 원하는 대로 사용할 수 있는 그분의 것이 되었다. 30년 전, 두 번째 '예'라고 대답한 날부터 나는 그분의 도움으로, 매일매일 그분에게 순종하려고 노력해 왔다. 예수님께 순종하고 그분의 리더십에 항복하는 삶은 나를 크게 변화시켰다.

예수님의 '나를 따르라'라는 부르심은 당신에게도 분명히 영향을 끼쳤을 것이다. 인생의 어느 시점에서 당신은 그리스도의 초청을 받고, '예'라고 대답했으며, 그분과 더불어 새로운 길을 걷기 시작했다. 당신이 지금 사역에 뛰어든 것도 그분의 부르심의 영향 때문이고, 다른 사람들이 그리스도를 따를 수 있도록 돕는 일을 인생의 목표로 정했기 때문일 것이다.

목회자로서 우리는 사람들이 예수 그리스도와 친밀함을 누리도록 도와주는 일에 흥분한다. 어떤 때에는 미친 것 같다. 우리는 형제자매들이 그들을 짓누르는 것들로부터 해방되고 영적으로 변화되는 것을 보기를 갈망한다. 하지만 우리가 그들에게 할 수 있는 백여 가지의 일들 중에서, 어떤 것이 정말 그 목표를 이룰 수 있을까?

전문사역자로 일하든지 아니면 자원봉사자로 일하든지 간에, 우리가 이끄는 사람들의 영적 성장을 촉진시키는 일에 우리가 실패하는 이유는 의욕이 부족해서가 아니다. 어떻게 실행하는지 그 방법을 모르기 때문이다. 매주, 우리는 팀이나 신자들 앞에 서서 "우리를 따르세요!"라고 말한다. 이것이 바로 지도자들이 하는 일이다. 하지만 우리가 선택한 방법이 정말 사람들의 삶에

우리가 선택한 방법이 정말 사람들의 삶에 변화를 일으키는지를 어떻게 알 수 있는가?

당신의 교회에 소속되어 있는 사람들은 진정으로 그리스도와 가까워지고 싶어 한다.

변화를 일으키는지를 어떻게 알 수 있는가? 우리 교회가 제대로 하고 있는지 어떻게 알 수 있겠는가?

해답을 얻기 위해, 우리는 200개 이상의 교회, 8만 명의 사람들에게 새로운 연구를 실행했다. 이 연구를 통해 많은 것을 배웠지만, 그 중 하나가 특히 내 눈에 띄었다. "당신의 교회에서 원하는 것 중 가장 중요한 것은 무엇인가?"라고 물었을 때, "제가 성장할 수 있도록, 저의 영적 삶이 다음 단계로 갈 수 있도록 도전해 주세요"가 가장 많은 대답 중 하나였다.

방금 이야기를 이해했는가?

그들은 대단한 배움이나 새로운 친구들을 만나기 위해서 우리 교회로 온다고 말하지 않았다. 그들은 도전 받고 싶어 한다. 그들은 성장하고 싶어 한다. 그들은 다음 단계로 나아가며 영적 진보를 경험하고 싶어 한다.

당신의 교회에 소속되어 있는 사람들은 진정으로 그리스도와 가까워지고 싶어 한다. 그리고 그들의 리더인 당신이 그들을 도와 줄 수 있기를 기대하며 바라보고 있다. 상상해 보라! 그들은 당신이 앞에 서서 '나를 따르라'라고 말하길 애타게 원하고 있다. 그런 다음에 그들은 간단한 질문을 던진다. "내가 바뀔 수 있도록 정말 도와 줄 수 있나요?"

변화를 이끌기

나는 지금까지의 내 경험을 통해 변화에 대해 많은 것을 배웠다. 내가 섬기는 교회 안에서 신자들을 이끌든지, 혹은 변화의 시기에 있는 기업에서 경영 컨설턴트로서 도움을 주든지 간에, 언제나 제일 먼저 한 일은 다음과 같은 단순한 두 가지의 질문에 대한 대답을 찾는 것이었다. 그들은 지금 어디에 있는가? 그들은 어디로 가고 싶어 하는가? 그들이 현재 있는 곳과 가고 싶은 곳의 차이는 간격을 보여 준다. 그것을 비전 갭이라고 한다.

MIT의 슬로안 경영학교Sloan School of Management에 있는 조직학습센터 Center for Organizational Learning의 대표로 일하는 피터 센게Peter Senge는 현실과 비전 사이의 간격에 대해 말한다. 비록 용어가 다르긴 하지만 우리가 지금 어디

그렉 L. 호킨스

예수께서 '나를 따르라' 라고 말씀하셨을 때

'나를 따르라.' 우리는 예수께서 이렇게 말씀하셨다는 사실을 알고 있다. 사실 그분께서는 이 말씀을 여러 번 하셨고, 이 땅에서 행하신 사역의 주제로 삼으셨다.

예수께서 자신의 사역을 시작하실 때 갈릴리 바닷가를 걸으시면서 제일 먼저 부르신 어부 형제 베드로와 안드레에게 이렇게 말씀하셨다. "'나를 따라오라. 내가 너희를 사람을 낚는 어부가 되게 하리라' 하시니 그들이 곧 그물을 버려 두고 예수를 따르니라"마 4:19-20. 놀랍게도, 예수께서 이 땅에서 사역을 시작하실 때, 그분은 각 사람에게 자신을 따르라고 말씀하심으로써 자신을 지도자로 드러내셨다. 그분의 초대를 받아들이는 것은 제자들의 몫이었다. 만약에 제자들이 이 초대에 응하면 사람을 낚는 방법을 가르쳐 주시겠다고 약속하셨다.

이후, 몇몇 유대인들이 예수께서 자신들의 조상에게 약속했던 메시아인지 여쭤보았을 때, 예수께서 이렇게 대답하셨다. "내 양은 내 음성을 들으며 나는 그들을 알며 그들은 나를 따르느니라. 내가 그들에게 영생을 주노니 영원히 멸망하지 아니할 것이요, 또 그들을 내 손에서 빼앗을 자가 없느니라"요 10:27-28. 예수께서는 다시 한 번 자신을 따르는 자들을 향하여 주어지는 책임에 대해 이야기하시는 것 같다. 예수께서는 제자들이 단순히 자신의 믿음을 주장하는 것뿐만 아니라, 그분을 향한 사랑을 토대로 그와 함께 순종의 길을 걸어야 하는 것을 우리에게 상기시킨다.

이 땅에서의 사역이 끝나갈 무렵, 예루살렘으로 내려가신 후에 예수께서는 "사람이 나를 섬기려면 나를 따르라 나 있는 곳에 나를 섬기는 자도 거기 있으리니 사람이 나를 섬기면 내 아버지께서 그를 귀히 여기시리라"요 12:26라고 말씀하셨다.

Take up your cross daily, and follow me.
날마다 너의 십자가를 지고 나를 따르라

예수께서는 제자들에게 자신이 고통 당하고, 버림 받으며, 구원자이자 메시아로서 십자가에 못박혀 죽을 것을 설명하시고, 그들을 똑같이 힘든 그 길에 초대하셨다. "아무든지 나를 따라오려거든 자기를 부인하고 날마다 제 십자가를 지고 나를 따를 것이니라 누구든지 제 목숨을 구원하고자 하면 잃을 것이요 누구든지 나를 위하여 제 목숨을 잃으면 구원하리라"눅 9:23, 24.

부활하신 후 예수께서 베드로에게 주님을 향한 사랑을 고백하도록 세 번이나 물어봤을 때에도 **이 주제는 계속되었다**. 베드로는 "주님 모든 것을 아시오매 내가 주님을 사랑하는 줄을 주님께서 아시나이다"요 21:17라고 고백했다. 예수께서는 여기서 베드로의 말보다 행동을 더 원하신 듯 보인다. 예수께서는 그에게 "내 양을 먹이라… 나를 따르라!"요 21:17, 19고 명령하셨다. ♦

에 있는지현실, 어디로 가고 싶은지비전에 대한 질문에 잘 들어맞는다. 그의 저서, 『제5경영』*The Fifth Discipline*에서는 그 간격 자체가 우리가 있는 곳에서 가고 싶은 곳까지 이동하는데 필요한 에너지를 공급해 준다고 설명한다. 그는 이 간격을 "창조적 긴장"이라고 부른다. 나는 변화와 함께 따라오는 이 창조적 긴장을 설명하는 데 있어서 센게가 사용하는 설명이 마음에 든다.

"고무 밴드가 당신의 비전과 현실 사이를 팽팽하게 당기고 있다고 상상해 보라. 고무 밴드를 잡아 당겼을 때 생긴 긴장은, 비전과 현실 사이에 있는 긴장을 상징한다. 이 긴장이 추구하는 것은 무엇인가? 해결 또는 해방을 원한다. 긴장이 스스로 해결되는 길은 오직 두 가지의 방법밖에는 없다. 현실을 비전으로 끌어 당기든지, 비전을 현실로 끌어 당기는 수밖에 없다. 우리가 비전을 얼마나 끈질기게 붙잡고 있는지가 두 가지 방법 중에 하나를 결정한다."[1]

창조적 긴장 밴드

다르게 표현하자면, 당신이 현재 있는 곳과 가고 싶은 곳 사이에 있는 간격에서 긴장을 느낄 때, 당신은 그 긴장이 해결되어야 한다는 것을 깨닫는다. 당신은 가고 싶은 곳에 대한 열망을 낮추거나, 아니면 지금 있는 곳에서 가고 싶은 곳으로 더 가까이 가게 해 주는 계획과 전략을 세울 수 있다.

---

1) 피터 M. 센게, *The Fifth Discipline: The Art and Practice of the Learning Organization* (New York: Doubleday, 2006), 140. 『제5경영』(세종서적)

이 원리에 대한 실제적인 예가 여기 있다. 대부분의 미국인들처럼, 나는 나의 몸무게를 유지하기 위해 전쟁을 하고 있다. 작년에 나는 매년 실시하는 신체검사를 받으러 병원에 갔었다. 검사실로 들어가기 전에 간호사가 체중계에 올라서라고 했고, 몸무게는 205파운드_{93킬로그램}를 나타냈다. 그런데 말이 나온 김에, 왜 병원에 있는 체중계는 꼭 원래 몸무게에 5파운드를 더할까? 아무튼 나의 몸무게 이야기로 돌아가서 말하자면, 그것이 첫 번째 문제인 '내가 지금 어디에 있는가?'에 대한 대답이다. 나의 몸무게는 205파운드이다.

검사를 마치고 의사는 나만한 키에 나의 심장과 콜레스테롤 수치를 조절하기 위해서는 185파운드의 몸무게가 적절하다고 알려 줬다. 그것이 '나는 어디로 가고 싶어 하는가?'라는 두 번째 문제의 답이다. 나의 몸무게는 185파운드가 정상치이다.

간격은 단순히 두 가지 대답 사이의 차이를 의미한다. 나의 몸무게로 치자면, 그 간격은 20파운드나 되는 것이다.

간격의 크기가 중요하다

흥미롭게도 변화를 말할 때는 간격의 크기가 중요하다. 왜냐하면 간격이 너무 작을 때에는 변화를 일으키고자 하는 동기나 에너지가 별로 없을 수도 있고, 간격이 너무 클 때에는 무력감을 느끼고 변화에 대한 희망을 다 잃을 수도 있기 때문이다. 앞의 몸무게 이야기로 돌아가자면, 내가 5파운드만 빼도 괜찮았다면 별로 신경을 안 썼을지도 모른다. 반대로 내가 75파운드를 감량해야 한다면 나는 시도도 하지 않은 채 포기했을지도 모른다.

물론, 간격이 크거나 작은 것과 관계없이, 간격에 대해 아는 것만으로는 충분하지 않다. 변화가 일어나도록 하기 위해서 우리는 그 간격을 줄이기 위한 실행 가능한 계획을 세워야 한다. 그리고 그 계획은 다뤄야 하는 모든 현실을 반영하는 구체적인 단계들을 필요로 한다. 다시 몸무게 이야기를 해보자. 내가 그 간격을 줄이기 위해 20파운드를 감량하고 싶다. 하지만 매일 운동을 하기 위해 한 시간을 사용하겠다는 생각이 비현실적이라는 것을 나는 안다. 가족과 바쁜 직장, 그리고 맡고 있는 책임들은 그 계획을 실천할 수 없도록 만든다. 때문에 나에게는 그저 구체적인 단계가 아니라, 현실적인 삶이 고려된 구체적인 단계가

변화가 일어나도록 하기 위해서 우리는 그 간격을 줄이기 위한 실행 가능한 계획을 세워야 한다.

필요하다. 20파운드를 감량하기 위한 나의 구체적인 계획이라면, 매일 운동하는 것 대신, 삼십 분씩 일주일에 세 번 운동하기, 물을 더 많이 마시기, 초콜릿 대신 싱싱한 과일 먹기, 그리고 식사 시간에는 기름기가 적은 단백질과 야채를 먹는 것이 포함되어야만 할 것이다.

영적 성장의 간격을 분별하기

교회 지도자인 우리에게 이 간격은 무슨 의미인가? 만약 우리 교회 신자들이 "제가 성장할 수 있도록, 저의 영적 삶이 다음 단계로 나아갈 수 있도록 도전해 주십시오"라고 말하고 있다면, 우리는 그들의 영적 성장의 간격을 식별하기 시작해야 한다. 기억하라. 간격이란 단순히 현실 지금 우리는 어디에 있는가?과 미래에 대한 우리의 비전 어디에 있기를 원하는가? 사이의 거리를 말하는 것이다.

비전이 우리의 현실을 넘어 담대하게 우리를 이끌어가지 못하면, 충분한 긴장을 만들지 못한다는 것을 기억하라. 그러나 그 비전이 우리의 현실과 너무 동떨어진 것이라면, 사람들이 희망을 잃기 때문에 고무 밴드는 갑자기 사라지고 긴장은 더 이상 없게 될 것이다. 지도자로서 우리들은 변화를 촉진시키기 위해 적당한 긴장을 만들어야 한다.

일단 그 간격을 파악했다면, 우리는 사람들의 영적 성장의 간격을 줄일 수 있는 세밀한 단계를 포함한 계획을 제안할 수 있다. 물론, 백 단계나 되는 계획을 만들면 안 된다! 간격을 줄이도록 돕기 위해, 처음 3~4 단계만 제공한다. 이 단계들로 간격을 완전히 없애버리지는 못하겠지만, 사람들이 일단 그 첫 몇 단계를 성취한 후에 우리는 그 다음에 밟아야 할 3~4 단계를 또 제공한다.

영적인 간격을 적당한 크기로 바꾸기

자, 이제 내가 진지하게 체중을 감량하고 체력을 단련하기 원한다면 어떻게 해야 하겠는가? 즉, 내가 새롭고 건강해진 것 같아 기분 좋아서 개인 헬스 트레이

지도자로서 우리들은 변화를 촉진시키기 위해 적당한 긴장을 만들어야 한다.

너와 함께 다음 단계를 밟을 결심을 했다고 하자. 그가 정말 훌륭한 트레이너라면, 내 신체적 특성의 간격을 파악하고, 그 간격을 줄이기 위해 실행 가능한 계획을 짤 것이다.

교회 지도자들도 이와 비슷한 역할을 해야 한다. 우리는 영적 트레이너나 코치가 되어 사람들에게 두 가지 질문을 던짐으로 자신의 간격을 파악할 수 있도록 도와줘야 한다. 그 두 가지 질문은 다음과 같다. 지금 나는 어디에 있는가? 나는 어디에 있기를 원하는가? 그런 다음에 그들이 나의 다음 단계는 무엇일까? 라는 질문에 대해 심사숙고하도록 도와줄 수 있다. 이 질문들에 대해서 더욱 자세히 살펴보자.

나는 지금 어디에 있는가?

피터 센게의 용어를 빌리자면, 현재 나의 '현실'은 무엇인가? 이 문제를 영적 성장의 관점에서 대답하려면, 더 깊이 파고드는 질문으로 씨름하도록 도와주어야 한다. 나의 영적 삶이 내가 생각하는 것처럼 얄팍하지는 않는가? 얼마나 좋아야 만족할 수 있을까? 하나님께서는 나의 진정한 모습을 어떻게 보실까?

나는 어디에 있기를 원하는가?

센게의 용어를 다시 빌리자면, 하나님께서 내가 있길 원하시는 곳에 대한 나의 '비전'은 무엇인가? 영적 성장의 관점에서 대답하려면, 각 개인이 의미 있는 질문들과 씨름할 수 있도록 도와야 한다. 예를 들어, 영적 성장의 목표는 무엇인가? 예수님의 제자는 어떤 모습일까? 내가 영적으로 성숙한 것을 어떻게 알 수 있을까? 나의 영적 삶이 나의 남은 인생에 어떻게 연결되어 있는가?

나의 다음 단계는 무엇일까?

이 시점에서, 우리는 간격에 대한 발견을 기억해야 한다. 간격이 대수롭지 않아 보일 정도로 작다면, 사람들은 그 변화에 대해 노력할 만한 가치가 없는 것이라고 생각할 것이다. 또 간격이 너무 크면, 사람들은 그 도전에 압도되어 시도조차도 하지 않고 포기할 것이다. 우리가 제시하는 비전이 '예수님을 닮기 위한 47단계'라고 한다면, 우리가 아무리 잘 소개한다고 해도 불가능한 목표로 보일 것

영적 성장의 목표는 무엇인가?

나를 따르라

personalize next steps
다음 단계들을 개인화하라

이다. 고무 밴드가 끊어지면, 창조적 긴장은 사라지고 사람들은 모든 희망을 상실할 것이다.

하지만 간격이 적당한 크기일 때, 건강한 긴장감이 유지되고 간격을 좁히기 위한 움직임이 일어난다. 물론, 영적으로 간격을 줄이는 것은 20파운드의 몸무게를 감량하는 것과는 다르다. 우리가 아무리 원할지라도, 60일 안에 그리스도를 닮아가는 간단한 계획은 만들 수 없다.

우리가 그리스도와 가까워지기 위해 필요한 단계들을 밟아 나갈 때, 그 변화들을 이루시는 분은 오직 그리스도뿐이라는 사실을 사람들에게 일깨워 줘야 한다. 과제는 우리의 가는 방향이 하나님의 뜻과 목적에 일치해야 하며, 성령님께서 그 일을 하시도록 인정하는 것이다.

우리의 도전

더 나아가 영적 코치인 우리의 도전은 공동체에 소속된 사람들을 위해서 이 단계들을 개인화 시켜야 하는 것이다. 예를 들어, 누군가를 위한 첫 번째 또는 다음 단계를 디자인할 때 모든 사람이 동일한 단계를 밟아야 할 필요가 없음을 기억해야 한다. 다음에 어디로 가야 할지 발견하도록 누군가를 도와주는 일에는 특별한 신중함이 요구된다.

> **다음에 어디로 가야 할지 발견하도록 누군가를 도와주는 일에는 특별한 신중함이 요구된다.**

이렇듯 개인화의 작업이 너무 어렵기 때문에, 우리의 교회들은 종종 많은 사역 단계들을 만들어 놓고 사람들이 이 모든 과정을 다 거쳐 가야 한다고 말한다. 이러한 프로그램들이나 사역들은 대부분, 또는 모두 다 성경에 기초를 둔 좋은 것일 수는 있지만, 실제로 신자들 각자가 가지고 있는 간격을 줄이도록 돕는 일에서는 성공하지 못했다. 최근의 연구가 우리에게 전하는 메시지를 기억하자. 우리 교회 신자들이 "제가 성장할 수 있도록, 저의 영적 삶이 다음 단계로 나아갈 수 있도록 도전해 주십시오"라고 말하고 있다. 진정 그들은 당신에게서 그런 도전을 기대하고 있다! 당신은 어떻게 할 것인가?

긴장을 해소하기

2007년 1월에, 우리는 윌로크릭교회를 포함해서 7개 교회 5천 명의 신자들에게 설문조사를 진행했다. 목표는 사람들이 영적으로 성장할 수 있는 실제적인 방법을 이해하기 위한 것이었다. 그 연구의 결과로 우리는 사람들의 태도, 동기와 행동들을 조사하고, 각자의 삶의 중심에 그리스도께서 계신지 혹은 그리스도께서 각자의 삶에 얼마나 중요한지에 따라 4개의 영적 단계로 분류하는 방법을 알아냈다 표 1-2.

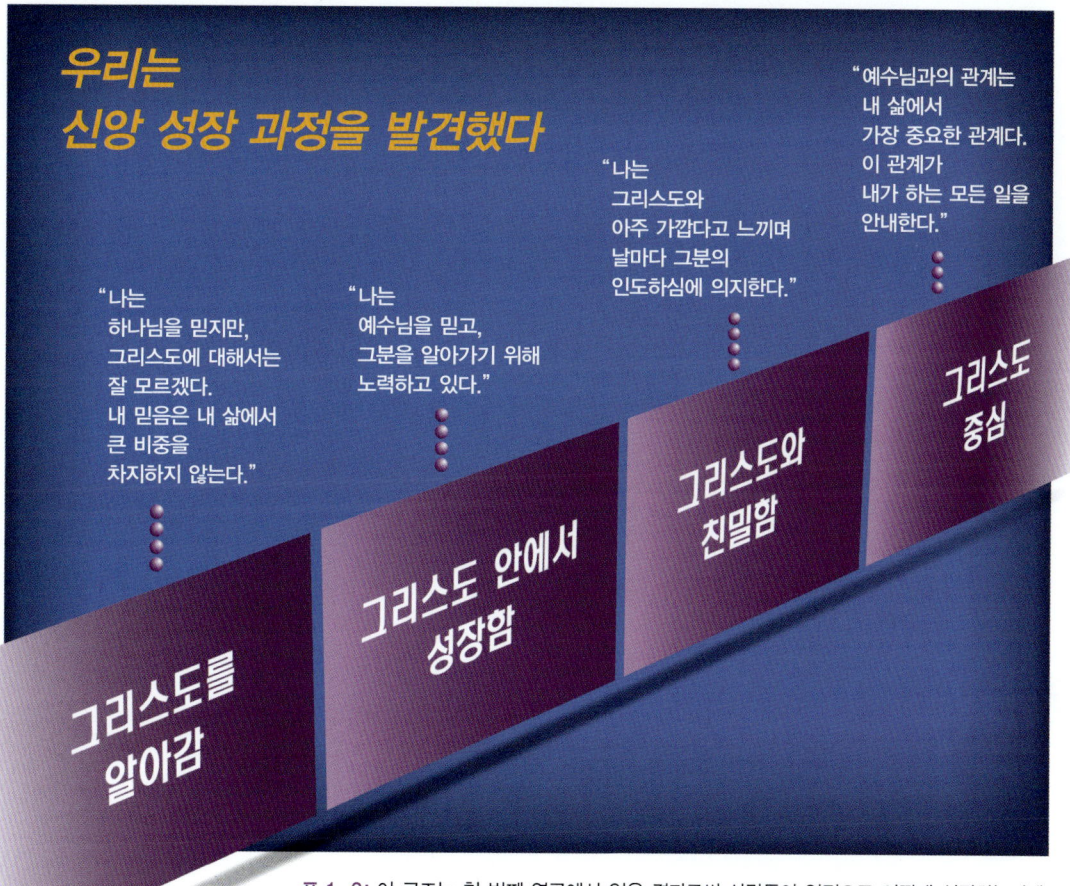

표 1-2: 이 구조는 첫 번째 연구에서 얻은 결과로써 사람들이 영적으로 어떻게 성장하는지에 대한 가장 영향력 있고 예측 가능한 설명이다.

우리는 이 연구 결과를 『발견』*Reveal* 이라는 책으로 출간했다. 4단계는 다음과 같다.

그리스도를 알아감

이 그룹에 있는 사람들은 하나님에 대한 기초적인 믿음은 있다. 하지만 그들은 그리스도에 대해, 또 그분이 자신의 삶에 어떤 역할을 하고 있는지에 대해 확신이 없다.

그리스도 안에서 성장함

이 그룹에 있는 사람들은 그리스도와 인격적인 관계를 가지고 있다. 그들은 자신의 구원과 영생을 주님께 맡기기로 헌신했지만, 예수님과의 관계가 어떤 의미인지에 대해 이제 배우기 시작했다.

그리스도와 친밀함

이 그룹에 있는 사람들은 매일의 삶 속에서 그리스도를 의존한다. 그들은 그리스도를 자신의 삶을 후원해 주시는 존재로 인식한다. 그들은 자신들이 직면하는 문제들에 관해서 매일 주님의 도우심과 인도하심을 간구한다.

그리스도 중심

이 그룹에 있는 사람들은 그리스도와의 관계가 자신의 전 생애에 가장 중요한 관계라고 확신한다. 그들은 자신의 인생을 예수님과 그분의 관심사를 위해서 완전히 내려놓았고 주님의 뜻과 원하시는 것을 위해 모든 것을 드렸다.

> 우리는 사람들이 실제로 자신의 삶에 있는 영적 간격을 어떻게 좁히는지 이해하기를 원한다.

the four segments

4단계

이러한 단계들을 식별함으로 목사와 교회 지도자들은 자신들이 섬기는 사람들이 지금 어디에 있는지 발견하도록 돕는 좋은 틀을 갖게 되었다. 하지만 그들이 어디에 있는지 아는 것만으로 충분하지 않다. 우리의 궁극적인 목표는 사람들이 어떻게 예수님을 닮아 성장할 수 있는지를 이해하는 것이다. 간격이라는 용어를 사용하여 설명하자면, 우리는 사람들이 실제로 자신의 삶에 있는 영적 간격을 어떻게 좁히는지 이해하기를 원한다.

그래서 2007년 11월과 12월에 우리는 200개 교회에서 추가로 설문을 조사했다. 여기에는 대형교회뿐만 아니라 소형교회도 포함되어 있다. 동서남북에 위치한 교회들로 교단에 소속된 교회도 있고 독립교회도 있었다. 우리는 새롭게 수정된 설문조사에 응한 8만 명 이상의 신자들에게서 대답을 들었다. 좋은 소식은, 우리는 사람들이 하나의 단계에서 다음 단계로 성장할 수 있도록 진정한 도움을 줄 수 있는 더 깊은 깨달음을 찾아냈다는 것이다.

우리의 영혼이 향하고 싶어 하는 곳

나는 최근에 메리 올리버 Mary Oliver가 쓴 시, 「자갈」을 읽었다. 이 시에서 그녀는 자갈이 '만족'하는 본성을 가지고 있다고 설명한다. 반대로, 물은 '다른 곳'에 가고 싶은 열망을 가지고 있다는 것이다.

정말 그 말이 맞다. 돌은 그저 있을 뿐, 움직이지 않는다. 그들은 움직임을 원하지도 않는다. 본성적으로 돌들은 그냥 거기에 박혀 있다. 그러나 물은 전혀 다르다. 물은 언제나 움직이려고 한다. 가만히 있을 수가 없고, 수시로 방향을 바꾼다.

우리 인간들은 물과 같다.

사실 우리 몸의 60퍼센트는 물로 이루어져 있다. 그리고 물과 유사하게, 우리의 영혼은 다른 곳을 향해 흘러가고 끊임없이 무엇인가를 찾는다. 우리가 알든지 혹은 모르든지 간에 우리는 하나님을 향해 흐르고 싶어 한다. 우리는 깊은 친밀감을 원한다. 태초에 우리가 하나님과 친밀한 교제를 하도록 지음 받았던 것처

우리가 알든지 혹은 모르든지 간에 우리는 하나님을 향해 흐르고 싶어 한다.

럼 우리는 다시 하나님과 연결되고 싶어 한다.

목사와 교회 지도자로서 우리의 의무는, 사람들이 그저 닥치는 대로 더 좋은 삶을 추구해 보라고 도움을 주는 것이 아니다. 우리는 예수 그리스도를 통해 하나님과 깊은 교제가 있는 삶으로 사람들을 인도해야 한다. 목적과 의미로 가득 찬 삶, 자기중심적이지 않은 삶, 그리스도께 항복하고 다른 사람들을 섬기는 데 헌신적인 삶으로 말이다.

당신이 '나를 따르라'라는 말을 했든지 안 했든지 간에, 그것은 당신의 교회나 사역의 영역에서 지도자로서 영역을 확장하는 초대장이다. **사람들은 당신이 그들을 그리스도께 더 친밀하게 성장하도록 도울 것이라고 믿기에 당신을 따르고 싶어 한다.** 또한 그들은 당신의 도움으로 자신들이 영적 삶의 다음 단계 도전에 직면하게 될 것이라고 믿는다.

정말 좋은 소식은, 당신이 그런 일을 할 수 있다는 것이다! 당신은 사람들이 지금 어디에 있는지, 그리고 어디에 있기를 원하는지를 그들에게 설명해 줄 수 있다. 또한, 하나님께서 그들이 어디에 있기를 원하시는지 이해하도록 도와줄 수 있다. 당신은 교회에서 섬기고 있는 사람들이 앞으로 전진할 수 있도록 코치할 구체적인 다음 단계들을 제공할 수 있다. 이 책의 나머지 부분이 바로 그런 내용이다. 이 책을 통해 당신이 자기자신과 당신이 섬기는 신자들을 그리스도와 더욱 깊은 친밀함으로 이끌기 위해 필요한 통찰력을 발견하기를 소망한다.

캘리 파킨슨 CALLY PARKINSON

FOLLOW ME

**②
영적 성장의
촉진요소**

영적 성장으로 이끄는 핵심적인 믿음과 활동들

catalysts 촉진요소

영적 성장은 어떻게 일어나는 것인가? 사람들이 그리스도와 더욱 친밀하고 헌신적인 관계로 나아가도록 어떻게 도울 수 있는가? 우리는 영적 성장 과정에서 성장으로 이끄는 영적 촉진요소의 네 가지 강력한 영역을 살펴볼 것이다.

core beliefs
핵심적인 믿음

2
영적 성장의 촉진요소

당신이 최근에 비행기를 탔던 경험을 되살려 보라. 창가 자리에 앉았다면, 비행기가 착륙할 때 도시의 풍경이 서서히 뚜렷해지는 것을 보았을 것이다. 희미한 모습과 불빛들이 도로와 건물로 변하고, 조금씩 더 뚜렷해지면서 명소들과 건축물로 바뀐다. 비행기가 활주로에 가까워질수록 당신은 사람들이 살아가는 일상적인 모습, 운송수단과 같은 세부적인 것들을 볼 수 있었을 것이다.

우리도 무엇이 영적 성장으로 이끄는지를 찾기 위해 원거리에서부터 세밀한 모습까지 살펴보는 비슷한 경험을 하고 있다. 먼저 우리는 영적 조망을 한눈에 볼 수 있는 대략적인 그림을 그렸다. 우리는 영적 성장 과정에서 다양한 단계의 특성을 결정짓는 태도, 동기, 행동에 의해 정의되는 네 가지 단계를 발견했다. 표 2-1, 26쪽

우리는 교회가 영적 성장 초기 단계에서 보여 주는 중요한 역할과, 개인의 영적 훈련들이 영적 성장 과정의 모든 부분에서 미치고 있는 강력한 영향에 대해 광범위하게 토론했다.

이 초기의 도표는 분명하긴 하지만 뭔가 제한된 것이었다. 2007년 발간된 『발견』Reveal 에서 보는 바와 같이 우리의 초기 발견들은 7개 교회들에서 실행한, 대략 5천 개의 설문조사에 근거한다. 우리가 선택한 교회들은 교회의 크기, 지리적 위치와 체제를 고려해서 의도적으로 선택된 것이지만 아직 우리의 연구 결과가 미치는 영역은 전체 교회들 가운데 아주 작은 일부분으로 제한되어 있었다.

지금은 이러한 한계들이 희미한 기억으로만 남아 있다. 최근에 발표한 연구 결과는 200개 이상의 교회들에서 실행한 8만 개의 설문조사 자료를 근거

> 우리는 영적 성장 과정에서 태도, 동기, 행동에 의해 정의되는 네 가지 단계를 발견했다.

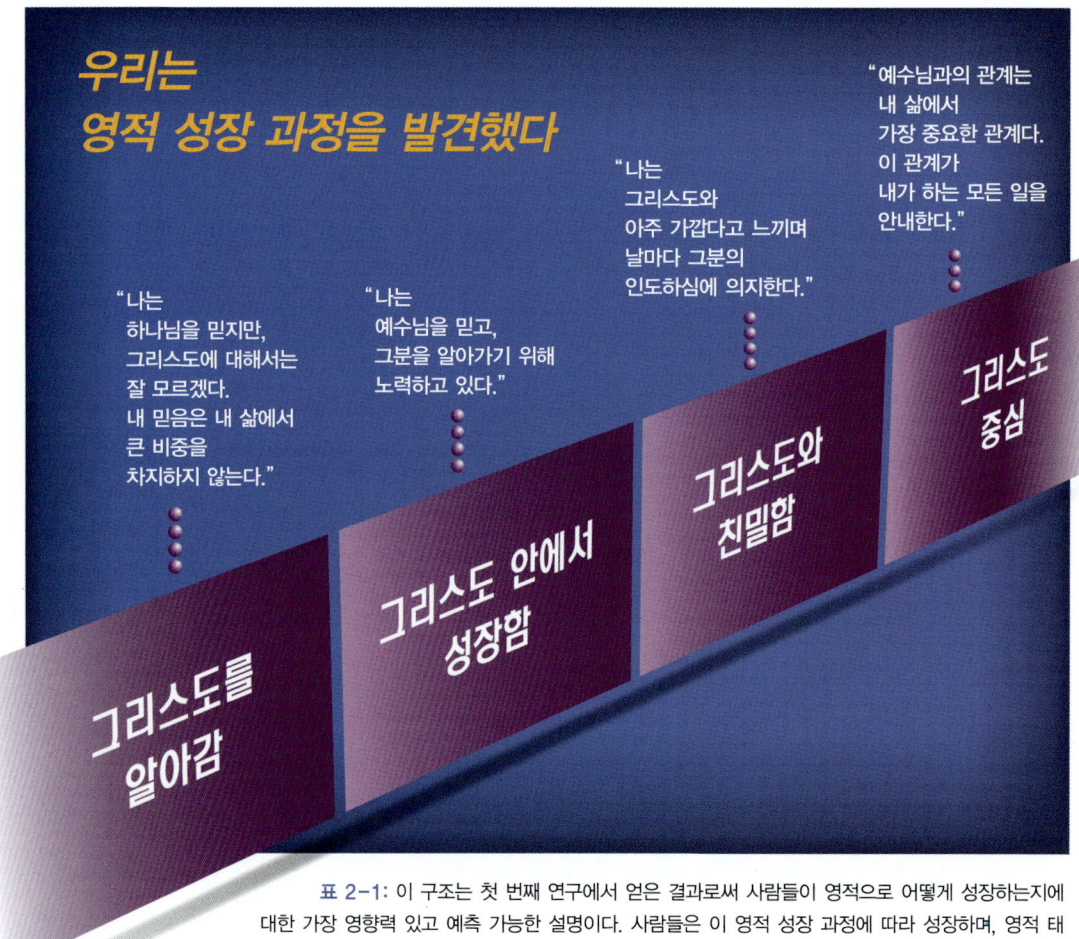

표 2-1: 이 구조는 첫 번째 연구에서 얻은 결과로써 사람들이 영적으로 어떻게 성장하는지에 대한 가장 영향력 있고 예측 가능한 설명이다. 사람들은 이 영적 성장 과정에 따라 성장하며, 영적 태도와 행동의 횟수와 강도가 상당히 증가하는 것을 발견했다.

로 이루어진 것이다. 이 교회들은 다양한 교회의 규모, 지역, 스타일, 민족성, 교파를 대표하고 있다. 부록 3, "조사에 참여한 200개의 교회들"(151쪽)을 보라. 확장된 이 데이터베이스의 깊이와 폭은 무엇이 영적 성장으로 이끌어 가는지 혹은 실패하게 만드는지에 대한 통찰력을 포함한 영적 성장의 역동성을 더욱 자세히 관찰하게 도와주었다.

이 책은 영적 변화에 초점을 맞추고 있다. 특별히 한 사람의 영적 성장 과정에서 다음 단계로의 성장을 이끄는 것이 무엇인지에 대해 다루고 있다. 비행기가 착륙할 때 보이는 풍경처럼 이제 우리는 큰 그림을 발견하는 것을 넘어서 영

영적 성장의 촉진요소

expanded database
확장된 데이터베이스

적 성장 과정의 4단계 사이의 공간에서 어떤 일이 벌어지고 있는지 더 세밀하게 살펴볼 수 있다. 우리가 발견한 것은 사람들이 한 자리에 가만히 서 있지 않는다는 것이다. 영적 여정에서 진보하지 못하고 머뭇거리며 서 있는 사람들도 있긴 하지만, 대부분의 사람들은 – 많은 경우에는 신속하게– 그리스도와 더욱 친밀한 관계로 성장하고 있다.

이 책은 영적 변화에 초점을 맞추고 있다. 특별히 한 사람의 영적 성장 과정에서 다음 단계로의 성장을 이끄는 것이 무엇인지에 대해 다루고 있다.

영적 촉진요소의 네 가지 영역

발견REVEAL 연구에서 우리는 영적 성장에 미치는 영향을 평가하기 위해 50개가 넘는 요소에 대해 측정했다. 이 요소들은 매일 하는 기도와 같은 개인 활동에서부터 주말 예배와 같은 조직적 교회 활동과, 삼위일체[1]에 대한 믿음과 같은 그리스도인으로서 주요한 핵심적인 믿음까지 포함한다. 우리는 이러한 50개의 요소들을 다음과 같이 영적 성장을 촉진하는 네 가지 영역으로 분류했다.

촉진요소 1

영적 믿음과 태도: 은혜로 얻는 구원이나 성경의 권위와 같은 핵심적인 기독교 신앙.

촉진요소 2

조직적인 교회 활동: 주말 예배, 소그룹, 영적 주제를 다루는 성인을 위한 교육, 또는 교회 사역을 통해 섬기는 것같이 교회에 의해서 이루어지는 가장 일반적인 활동들.

---

[1] '삼위일체'는 "나는 성경의 하나님이 한분의 진실된 하나님, 즉 아버지, 아들, 그리고 성령이심을 믿는다"라는 진술문에 사용되는 짧은 신학적 표현이다.

| 촉진요소 | 3 |

개인적인 영적 훈련: 기도, 말씀 묵상, 또는 주님과 나만의 시간(독거)solitude 과 같이 믿음을 발전시키는 개인적인 훈련들.

| 촉진요소 | 4 |

다른 사람들과 함께하는 영적 활동: 영적 우정, 복음 전도, 또는 도움이 필요한 사람들을 '자진하여' 섬기는 것과 같이 주로 교회 밖에서 일어나는 유기적인 활동들.

촉진요소catalyst란 변화가 일어나도록 만드는 것을 말한다. 우리가 분석한 내용을 살펴보면 영적 성장 과정의 한 단계에서 다음 단계로 성장할 때 가장 영향력이 있는 촉진요소들이 무엇인지 알 수 있다. 발견REVEAL 연구에 포함된 50개의 요소들 중에서, 사람들이 영적 성장 과정을 따라 성장해 갈 때, 가장 효과적이고 중요한 요소들이 무엇인지를 살펴보고자 한다. 이 영적 촉진요소에 대한 우리의 토론 초점은 세 가지의 '변화' – 영적 성장 과정의 각 단계 사이에 있는 역동적 공간 표 2-2 –에 맞추어졌다.

촉진요소란 변화가 일어나도록 만드는 것을 말한다.

이제 세 가지 변화가 영적 성장 과정의 네 가지 영역과 어떤 연관이 있는지 간략하게 설명하려 한다.

변화 1: 영적 성장의 초기 단계

첫 번째 변화는 사람들이 기독교 신앙에 대해 처음으로 이해하고, 구원의 길은 오직 예수 그리스도뿐임을 인정하는 단계다. 그들은 '그리스도를 알아감' 단계에서 '그리스도 안에서 성장함' 단계로 이동한다.

변화 2: 영적 성장의 중간 단계

이 변화에서 사람들은 '그리스도 안에서 성장함' 단계에서 '그리스도와 친밀함' 단계로 성장해 가면서 개인적인 영적 경험이 더욱 활성화된다.

세 가지 변화

영적 성장의 촉진요소

표 2-2: 사람들은 영적 성장 과정 가운데 세 가지의 변화를 따라 성장한다. 변화 1-영적 성장의 초기 단계; 변화 2-영적 성장의 중간 단계; 변화 3-영적 성장의 성숙한 단계

변화 3: 영적 성장의 더욱 성숙한 단계

세 번째 변화는 사람들의 믿음이 일상 속에서 예수님의 임재를 인식하는 수준에서 그리스도와 친밀한 관계, 그리스도와의 관계를 바탕으로 자신의 정체성을 재인식하는 수준으로 그리스도 중심의 관계 옮겨가는 것을 말한다.

세 가지 변화를 교육 경험의 단계라고 생각하면 도움이 될 것이다. 예를 들어, 초기 교육 경험의 단계인 첫 번째 변화는 초등학교와 같고, 두 번째 변화는 고등학교와 같고, 세 번째 변화는 대학과 같다. 영적 성장 과정의 네 가지 영역은 우리가 학교에서 배우는 과목과 유사하다. 수학을 예로 들면, 초등학교에서는 간단한 수학을, 고등학교에서는 대수를, 그리고 대학교에서는 미적분을 배우는 것과 같다. 교육 과정에서 수학이라는 과목은 지속되지만, 학생들의 배움의 수준이 어디에 있는지에 따라 그들이 배우는 수학의 형태가 바뀐다.

교육 과정이 기본적인 것에서 더욱 복잡한 교과 학습 과정으로 발전하는 것처럼 세 가지 영적 변화도 기본적인 것에서 더욱 복잡한 영적 경험으로 발전된다. 모든 변화는 초등학교에서 배운 기본적인 원리 위에 세워지는 고등학교 과정처럼, 이전 단계의 변화로 이루어진 영적 토대에 의존한다.

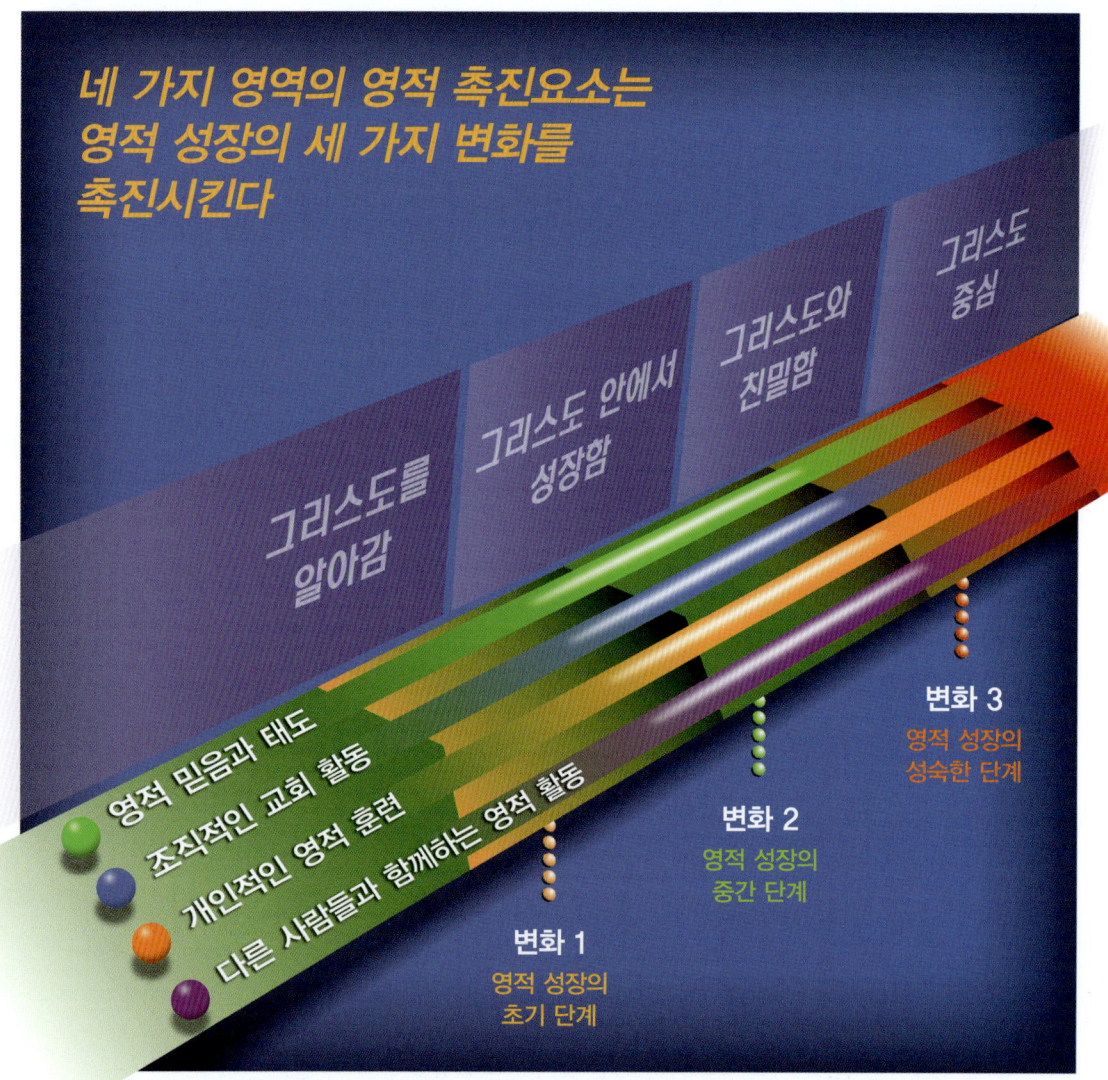

표 2-3: 채색되어 있는 막대기는 세 가지 변화에 영향을 주는 영적 촉진요소의 네 가지 큰 영역을 설명한다.

다음 페이지에서 우리는 영적 여정의 여러 지점에서 가장 중요한 촉진요소가 무엇인지 더욱 잘 이해하기 위해 네 가지 영역의 영적 촉진요소〈표 2-3〉을 평가할 것이다.

우리는 기독교의 핵심인 믿음의 기초를 든든하게 세우는 것이 영적 성장 과정의 세 가지 변화에 필수적이라는 사실을 발견했다. 그러므로 영적 믿음과 태도부터 살펴보려고 한다.

1 영적 믿음과 태도

믿음과 태도는 우리가 진실이나 현실이라고 받아들이는 것을 반영한다. 믿음은 우리가 직접 볼 수는 없지만 지구가 둥글다고 믿는 것같이 오로지 과학적인 사실에 근거를 둔 확신처럼 간단한 것일 수 있다. 그러나 기독교의 영적 믿음은 다르다. 영적 믿음이란 반박할 수 없는 수치를 믿는 것이 아니라 예수 그리스도와의 관계가 가능한 것이고 바람직하다는 것을 받아들이는 것을 의미한다. 요컨대, 영적 믿음의 주된 중점은 예수님과의 지속적인 관계에 우리의 인생을 점점 더 많이 맡기는 것이다. 다른 표현으로 설명하자면, 믿음이란 우리가 다른 사람에게 마음을 줄 때 경계수위를 낮출 것인지 아닌지를 결정하는 것과 비슷하다.

믿음과 태도는 우리가 진실이나 현실이라고 받아들이는 것을 반영한다.

우리는 사람들에게 핵심적인 영적 가치에 대해 동의하는지 물어봄으로써 영적 믿음과 태도를 측정한다 표 2-4, 32쪽. 이 표에는 각각의 변화 아래에 영적 믿음에 대한 진술이 기록되어 있고 이 믿음에 대한 강력한 동의는 각각의 변화 안에서 성장을 촉진시킴을 보여 준다. 예를 들어, 은혜로 얻는 구원에 대한 믿음은 '그리스도를 알아감' 단계에서 '그리스도 안에서 성장함' 단계로 이동시키는 중요한 촉진요소이다.

영적 성장과 태도가 어떻게 촉진요소로 기능하는지 더 잘 설명하기 위해서, 다음 세 가지 질문에 대답하는 것이 도움이 된다.

영적 믿음과 태도가 영적 '촉진요소'라는 것은 무슨 의미인가? 이전에 나는 촉진요소를, 변화를 일으키는 어떤 것이라고 설명했다. 영적 믿음의 영역에서, 이것은 어떤 사람이 믿는다고 진술한 내용에 대해 보다 강하게 동의하게 되

표 2-4: 영적 성장에 가장 영향력이 있는 영적 믿음과 태도를 각각의 변화 단계마다 중요도에 따라 순서대로 정리했다.

는 것을 의미한다. 예를 들어, 은혜로 얻는 구원에 대한 믿음나는 내가 현재나 과거의 어떤 행위로도 구원을 얻을 수 없다는 것을 '강하게 동의한다' 또는 '매우 강하게 동의한다'은 '그리스도를 알아감' 단계에서 '그리스도 안에서 성장함' 단계로 가는 변화 1에서 많이 경험할 가능성이 높다. 가능성이 높다는 것은 은혜로 얻는 구원에 대한 믿음에 '매우 강하게 동의'하는 두 번째 단계그리스도 안에서 성장함의 사람들이 첫 번째 단계그리스도를 알아감에 속한 사람들과 비교해 볼 때 지속적으로 더 많다는 것이다. 이것은 은혜로 얻는 구원이 첫 번째 단계에서 두 번째 단계로 성장하는 데 변화 1 영향을 미치는 촉진요소라는 사실을 보여 주는 것이다.

이 진술문은 어디에서 나온 것인가? 〈표 2-4〉에 있는 여덟 개의 믿음과 태도에 관한 진술문들은 성경에서 지속적으로 나타나는 중요한 주제를 따랐다. 우리가 선택할 수 있는 믿음과 태도는 많았지만, 이 여덟 개 진술문이 미국에서 진행 중인 영적 문화에 대한 지속적인 연구를 통해 사람들의 영적 상태에 대해 가장 잘 설명하고 정의를 내린 것으로 정리되었다. "영적 믿음과 태도에 대한 진술문은 어떤 것이 있으며 어디에서 나온 것인가?"(35쪽)를 보라.

진술문의 순서는 중요한가? 그렇다. 진술문은 위에서 아래로 변화에 영향을 줄 수 있는 힘의 순서대로 나열한 것이다. 영적 믿음과 태도라는 영역에서는, 은혜로 얻는 구원에 대한 믿음이 변화 1에서 나타나는 가장 중요한 촉진요소이다. 성경의 권위를 믿는 것은 변화 1에서 나타나는 중요한 촉진요소이긴 하지만 앞서 나열된 네 가지 진술문보다는 중요하지 않다.

〈표 2-4〉는 초기 단계의 신앙에 대한 질문/탐구 중심의 접근에서, 헌신된 그리스도의 제자로 온전하게 살아가는 단계로 변화되기 위해 한 사람의 마음에 강력하게 자리 잡아야 할 믿음과 태도에 대한 풍성한 통찰력을 보여 준다. 다음은 매우 중요한 이 영역에 대해 우리가 분석한 것 가운데 얻은 두 가지 핵심 내용이다.

위의 정리된 진술문은 강력한 이야기를 전달한다. 그리스도 중심의 수준이 되기 위해서 사람들은 먼저 은혜로 얻는 구원과 삼위일체의 기본 진리에 대해

은혜로 얻는 구원에 대한 믿음은 사람들을 첫 번째 단계에서 두 번째 단계로 변화하는데 영향을 미치는 촉진적 요소다.

나를 따르라

two highlights
두 가지 핵심

확신을 가져야 한다 변화 1. 그 후에 그들은 나의 하나님 – '나의 인생에 적극적으로 개입하시는' 하나님 – 에 대한 믿음을 받아들인다 변화 2. 하나님의 편재성에 대한 믿음은 '예수님을 나의 인생의 첫 번째 자리에 모시길' 바라는 강렬한 소망과, '예수 그리스도를 위해 내 삶의 중요한 모든 것들을 기꺼이 드리기를' 원하는 겸손과 자원하는 마음으로 바뀐다 변화 3. 이 과정은 하나님의 사람들의 마음에서 우러나온 수천 가지 반응에 대한 관찰에 근거를 둔, 영적 변화에 대한 아름다운 설명이다.

두 가지 믿음은 세 단계의 변화 모두에 걸쳐 성장을 촉진시킨다. '예수님을 내 인생의 첫 번째 자리에 모시기' 원하는 소망은 세 단계의 변화 모두에 나타나는 중요한 촉진요소다. 이 소망은 그리스도의 제자로 성장함에 따라 그들의 마음 속에 더욱 더 깊이 새겨진다. 두 번째로 중요한 촉진요소는 성경의 권위에 대한 믿음이다. 이 믿음 역시 세 단계의 변화에 따라 지속적으로 증가한다.

우리는 영적 믿음이 영적 성장을 촉진시킨다는 것은 알고 있다. 하지만 이 사실은 두 가지 질문을 불러 일으킨다. 영적 믿음은 어디에서 오며, 어떻게 형성되며 강화되는 것인가? 가족 전통의 영향을 넘어서, 신앙에 대한 우리의 첫 인상을 형성하고 삼위일체의 하나님과 은혜로 얻는 구원과 같은 기초적인 신앙을 우리에게 소개하는 중요한 역할을 하는 것이 교회라는 사실에 의문을 품을 사람은 없다. 교회가 영적 성장에 영감을 주고 영적 성장을 강화하는데 그렇게 중요하다면, 어떤 조직적인 교회 활동이 가장 도움이 되는가? 이 질문에 대한 대답이 다음 영역에서 우리가 집중할 내용이다. 조직된 교회 활동들.

'예수님을 내 인생의 첫 번째 자리에 모시기' 원하는 소망은 세 단계의 변화 모두에 나타나는 중요한 촉진요소다.

캘리 파킨슨 | **영적 믿음과 태도에 대한 진술문은 어떤 것이 있으며 어디에서 나온 것인가?**

우리 연구의 목적은 무엇이 영적 성장을 촉진시키며, 무엇이 영적 성장을 방해하는지를 드러내는 것이다. 영적 성장에 대한 정의는 하나님을 사랑하고 이웃을 사랑하라고 예수께서 가르치신 위대한 계명 마 22:36-40에 기초한다. 사람들의 영적 수준을 평가하기 위해 우리는 영적 믿음과 태도에 대한 진술문들을 사용해서 그들이 그 진술에 얼마나 강하게 동의하는지 설명해 달라고 요청했다.

The statements we used . . . 우리가 사용한 진술문은…

다음은 우리가 사용한 진술문들이다.

- **은혜로 얻는 구원:** "나는 내가 현재나 과거의 어떤 행위로도 구원을 얻을 수 없다는 것을 믿는다" 엡 2:8-9.
- **삼위일체:** "나는 성경의 하나님이 유일하고도 진정한 하나님, 즉 아버지, 아들, 성령이심을 믿는다" 고후 13:14.
- **나의 하나님:** "나는 하나님이 나의 인생에 적극적으로 개입하신다고 믿는다" 시 121.
- **그리스도를 첫 자리에 모심:** "나는 예수님을 나의 인생의 첫 번째 자리에 모시기를 바란다" 마 6:33.
- **성경의 권위:** "나는 성경이 나의 말과 행동에 결정적인 권위가 있다고 믿는다" 딤후 3:16-17.
- **그리스도 안의 정체성:** "나는 하나님을 알고, 사랑하고, 섬기기 위해 존재한다" 요 1:12-13.
- **청지기직:** "나는 그리스도인이 물질적 추구를 위해 살지 않고 희생적인 삶을 살아야 한다고 믿는다" 딤전 6:17-19.
- **나의 삶을 드림:** "나는 예수 그리스도를 위해 내 삶의 중요한 모든 것들을 기꺼이 드리기를 원한다" 롬 12:1-2.
- **나의 신앙을 나눔:** "나는 불신자들이 예수 그리스도를 자신의 구주로 영접하도록 기도한다" 엡 6:19-20.
- **나의 시간을 드림:** "나는 나의 이웃들을 돕고 섬기기 위해 나의 시간을 드린다" 골 3:17.
- **나의 물질을 드림:** "나는 하나님의 일을 후원하는 일에 지출의 우선권을 둔다" 고후 8:7.

이 진술문들은 성경에 기반을 두었으며, 텍사스 주, 샌 안토니오에 있는 오크힐스교회를 담임하는 랜디 프레이즈 Randy Frazee 목사가 만든 그리스도인 삶의 프로파일 평가설문지를 통해서 얻은 것이다. 수십 명의 교회 지도자, 신학자, 그리고 그 외의 많은 사람들이 그리스도의 제자에게서 반복적으로 나타나는 핵심적 특성을 찾기 위해 세밀한 성경 연구에 동참했다. 이 과정을 통해 작성된 진술문들은 펜실베이니아대학교와 갤럽 연구소의 후원을 받아 미국의 '영적 온도'의 기준점을 마련한, 영적 연방 연합 The Spiritual State of the Union 과 같은 여러 포럼에서 검증 받고 정제되었다. 이 포괄적인 노력에 기여를 한 전문가들 중에는 달라스 윌라드 Dallas Willard, 패커 J. I. Packer 와 래리 크랩 Larry Crabb 이 있다. 우리는 이런 과정에 관여한 사람들의 관록뿐만 아니라, 연구의 철저함을 보면서 이 진술문들을 우리 연구에 사용해야겠다는 생각을 갖게 되었다. ♦

Statements were tested and refined in multiple forums.

진술문들은 여러 포럼들에서 검증 받고 정제되었다.

2 조직적 교회 활동

교회는 영적 성장에서 가장 중요하고도 조직화된 영향을 끼치기 때문에, 교회에서의 여러 활동들은 자연스럽게 중요한 촉진요소로 나타난다. 가장 최근에 200여 개가 넘는 교회와 함께 실시한 우리의 연구는 예전에 소수의 교회들과 함께 실시한 연구와 똑같은 결과에 도달했다. 즉 교회가 영적 성장의 촉진적 힘으로 작용하는 것은 주로 처음 두 가지 변화 단계에 제한된다는 것이다. 그리고 교회 자원의 대부분이 집중되는 주말 예배와 같은 교회 활동은 변화 1에서만 중요한 촉진요소로 나타난다는 것이다. 이러한 연구 결과는 자신들을 구도자 중심의 교회나 구도자에게 친절한 교회라고 여기지 않는 대부분의 교회들40%에 의해 얻어진 통계에서 나온 것임을 지적하는 것이 중요하다.

〈표 2-5〉는 최근에 우리가 얻은 결론을 강조해 보여 주고 있다. 전통적인 교회 활동은 성숙한 단계인 변화 3에서는 제한된 영향을 미치지만, 영적 성장의 처음 두 단계의 변화에서는 강력한 영향력을 보여 준다.

이 표를 통해 영적 성장 과정 전반에 걸쳐 교회 활동이 끼치는 세 가지 촉진적인 역할을 볼 수 있다.

주말 예배는 변화 1의 단계에서만 영적 성장을 촉진시키는 것으로 나타났다. 이 사실은 주말 예배에 참석하고 만족하는 것이 변화 1 이후 저하되는 것처럼 잘못 오해할 수도 있지만 사실은 그렇지 않다. 사람들은 세 가지 모든 변화 과정에서 주말 예배에 높은 참석률을 보이고, 주말 예배가 자신의 영적 성장에 끼치는 역할에 대한 만족도도 대체로 높다. 그러나, 영적 성장의 첫 번째 변화에서만 참여도가 가장 크게 증가하고 그 후로는 변화가 나타나지 않았다. 만족도 역시 변화 1 후에는 상승하지 않았다. 이러한 사실이 무엇을 뜻하는가?

주말 예배는 특별히 영적 순례의 초기에 영적 '연료'의 주요 공급처인 반면, 영적 성장이 진행되면 될수록 다른 교회 활동들이 점점 더 중요한 연료의 공급처가 된다는 것이다. 영적 성장의 수준을 올려주는 활동에는 섬기는 경험과 성인들을 위한 영적 주제를 다루는 성경공부가 있지만, 주말 예배의 힘은 영적 순례의 초기에만 머무른다.

영적 성장의 촉진요소

표 2-5: 영적 성장에 가장 영향력이 있는 교회 활동을 각각의 변화 단계마다 중요도에 따라 순서대로 정리했다.

캘리 파킨슨 | 여백 찾기

기업에서 '여백을 찾는 것'은 성배를 찾는 것과 같다. 다른 사람들과 경쟁하기 전에 고객의 채워지지 않은 욕구를 발견하는 것과 같기 때문이다. 다른 사람들보다 먼저 고객의 욕구를 만족시키는 제품이나 서비스를 창조해 낼 수 있다면, 당신은 그 시장을 점령하게 된다. 영적 성장에도 교회의 역할에 '여백'이라는 것이 있을까? 예를 들어, 만약에 여백을 채워만 준다면 사람들의 영적 여정에 추진력을 제공할 수 있는 아직 채워지지 않은 필요는 있을까?

사람들이 교회와 관련해 채워지지 않은 필요를 표현하는 증거가 있는지 찾기 위해 우리는 연구 결과를 면밀히 살펴보았다. 이러한 증거들은 사람들이 각 개인의 영적 성장을 위해 교회에서 제공해 주

사람들이 교회에서 필요하다고 말하는 것

사람들이 필요하다고 말하는 것	중요도 [1]	만족도 [2]	차이 [3]
내가 성경을 더 깊이 이해할 수 있도록 도와주세요.	87%	62%	25%
그리스도와 인격적인 관계를 가질 수 있도록 도와주세요.	86%	65%	21%
아이들을 위한 강력한 프로그램을 제공해 주세요.	85%	71%	14%
내가 다음 단계로 성장할 수 있도록 도전해 주세요.	83%	64%	19%
강력한 예배를 제공해 주세요.	80%	72%	8%
내가 정서적으로 어려울 때 도와주세요.	75%	47%	28%
소속감을 느낄 수 있도록 도와주세요.	73%	53%	20%
도움이 필요한 사람들을 섬길 수 있는 기회를 제공해 주세요.	68%	64%	4%
사역에 동참할 수 있는 기회를 제공해 주세요.	67%	69%	-2%
서로에게 책임감 있는 관계로 발전할 수 있도록 도와주세요.	67%	39%	28%
영적 멘토를 찾을 수 있도록 도와주세요.	50%	28%	22%

[1] 진술문에 대해 '중요한', 또는 '매우 중요한'이라고 평가한 사람들의 비율   [2] '매우 만족함' 또는 '아주 만족함'이라고 말한 사람들의 비율   [3] 중요도에서 만족도를 뺀 수치

표 2-6: 조사에 참여한 8만 명의 사람들은 영적 성장에 중요한 교회의 속성 11개와, 교회가 얼마나 자신의 기대에 부응했는지에 대한 만족도를 평가했다. 교회 전략을 세우기 위해 중요도 수치에서 만족도 수치를 빼서 가장 차이가 많이 나는 영역이 무엇인지 볼 수 있다.

었으면 하는 도움이 무엇이고, 그들이 얼마나 실제로 도움을 받는지 사이의 차이를 경험하고 있다는 것을 보여 준다.

〈표 2-6〉은 교회를 통해 가장 얻고자 하는 것이 무엇인지를 물었을 때 사람들의 반응에 대한 자료이다. 11개의 필요를 중요한 순서대로 나열하고, 중요도와 만족도의 차이를 분석한 결과 교회들이 얼마나 그들의 필요들을 채워 주는지를 잘 보여 주고 있다.

Three white-space opportunities
세 가지 여백의 기회

우리는 세 가지 중요한 통찰과 교회를 위한 여백 기회를 찾았다.

1. 상위 다섯 가지 필요는 모든 변화 단계에서 동일하다. 사람들이 영적 성장의 초기, 중간, 또는 더욱 성숙한 단계 어디에 있던지 간에, 그들이 표현한 교회를 위한 상위 다섯 가지 필요는 똑같았다. 이 상위 다섯 가지 필요는 모든 변화 과정의 다른 필요들보다 훨씬 높은 순위에 정렬되어 있다. 변화에 따라 정렬 순서는 조금 다를 수 있지만, "제가 성경을 더 깊이 이해할 수 있도록 도와주세요"는 언제나 리스트의 최상위에 자리 잡고 있다.

2. 가장 큰 차이를 보이는 세 가지 필요는 모든 변화 단계에서도 동일하다. 동그라미 친 번호들은 중요도와 만족도 사이에 가장 큰 차이를 보인다. 이것이 영적 성장의 여백일 수 있다. "내가 성경을 더 깊이 이해할 수 있도록 도와주세요." "내가 정서적으로 어려울 때 도와주세요." 그리고 "내게 서로에게 책임감을 느끼는 관계로 발전할 수 있도록 도와주세요"에서 가장 큰 차이를 보인다. 중요한 것은, 이 차이들은 세 가지 변화 모두에 동일하게 나타난다는 것이다. 즉 영적 성장의 초기에 채워지지 않은 필요는 한 단계에서 그 다음 단계까지 지속적으로 나타나게 된다는 것을 이해할 수 있다.

3. 가장 큰 차이 중 하나는 중요도 최상위에 자리한다. "내가 성경을 더 깊이 이해할 수 있도록 도와주세요"가 중요도와 만족도 사이에서 가장 큰 차이를 보이는 것은 중요한 의미가 있다. 도표가 보여 주듯 이것은 사람들이 표현한 가장 중요한 영적 성장의 필요다. 어떤 측면에서 이것은 좋은 소식이다. 만약 교회가 이 중요한 차이에 대처하기 위해 새롭고 혁신적인 방법을 발견할 수 있다면, 우리의 연구는 결과적으로 하나님 나라에 위대한 유익을 끼치는 것이 될 것이기 때문이다. ◆

discovering unmet needs
채워지지 않은 필요들을 발견하기

우리는 주말 예배의 중요성을 깎아 내리려는 것이 아니다. 우리가 4장에서 다루겠지만 사실 주말 예배는 영적 성장의 측면에서 볼 때 교회의 역할에 대해 높은 수준의 만족감을 누리게 하는 데 매우 중요한 역할을 한다. 그러나, 영적 성장의 가장 중요한 촉진요소가 무엇인지를 측정할 때 교회에 대한 만족도가 아니라, 강력한 영향을 끼치는 다른 요소들도 많이 있다. 예를 들면, 영적 믿음과 태도, 교회 밖에서 많이 이루어지는 개인적인 영적 실천과 활동 같은 것들이다. 분명한 것은 주말 예배도 매우 중요하지만, 영적으로 마음의 변화를 일으키는 다른 중요한 촉진요소들도 많다는 것이다.

섬김은 교회에서 제공하는 가장 촉진적 경험이다. 세 가지 모든 변화에서 상위권을 차지한 요소들은 모두 '섬김'이라는 말을 포함한다. 그것은 우리의 영적 성장 곡선이 예수 그리스도와 점점 더 가까워지는 관계로 정의되는 것과 아주 밀접하다. 교회 안의 사역을 통해 섬기든 아니면 도움이 필요한 사람들을 직접 섬기든 간에, 그들의 손과 발로 섬기는 것은 관계를 통해 영적 성장을 강화시키는 것으로 나타났다. 흥미로운 것은 변화의 처음 두 단계에서는 소그룹 조직이 촉진요소가 되기도 하지만, 소그룹 조직보다는 섬기는 경험들이 영적 성장에 더 중요한 것으로 나타난다. 자원하여 섬기는 것이 곧 영적 영향력의 증가를 증명하는 것이며, 교회 사역 안에서 섬기는 사역과 비교할 때, 도움이 필요한 사람들을 직접 돕는 것은 변화 2, 3단계의 촉진요소 목록 상위를 차지한다.

다른 교회 활동들은 뚜렷한 목적을 제공한다. '영적 주제를 다루는 성인들을 위한 성경공부'는 변화 2단계에서 중요한 촉진요소로 떠올랐다. 수요예배와 같은 '추가적인 성경공부/예배'는 대체로 변화 3단계에서 촉진적인 교회 활동으로 나타났다. 대략 200개 교회 중 절반이, 신자들 중 25퍼센트가 '추가적인 성경공부와 예배'에 참석한다고 보고했다.

이것은 영적 성장의 변화 2, 3단계에 있는 사람들에게 그들의 필요에 맞춰 교회 활동을 제공함으로 유익을 줄 수 있는 방법을 제안한다. 그리고 주말 예배나 소그룹에 교회 자원을 집중하기보다는 교회가 제공하는 활동들을 폭 넓게 준비하고 소개함으로 영적 성장의 목표를 더욱 효과적으로 성취할 수 있도록

세 가지 모든 변화에서 상위권을 차지한 요소들은 모두 '섬김'이라는 말을 포함한다.

해야 한다고 주장한다.

3 개인의 영성 훈련

개인 영성 훈련은 아주 강력한 촉진요소다. 2004년, 우리가 설문조사를 실시한 교회는 윌로크릭교회 하나뿐이었는데, 최근에 200개 교회를 조사한 후에도 같은 결론에 도달했다.

〈표 2-7〉 42쪽은 각각의 영적 변화마다 영향력이 가장 큰 영성 훈련이 무엇인지를 보여 준다. 또한 확장된 분석자료로 인해 연구의 분석적 깊이가 더해졌다는 것도 증명한다. 예를 들어, 기도의 한 가지 면만 측정하는 것 대신에, 우리는 '인도하심을 간구하는 매일의 기도'가 변화 1단계에는 '가끔'에서 '자주'로, 변화 2단계에서는 '자주'에서 '매일'로 변화되어 가는 형태로 기도의 영향을 평가할 수 있다. 영성 훈련을 '드문, 가끔, 자주, 매일'과 같이 세분화 시켜서 선택할 수 있도록 분류함으로 영적 성장의 가장 초기에 시작하는 영성 훈련의 중요성을 확인할 수 있었다. 이처럼 사람들의 영성 훈련을 더욱 이해하기 쉬운 방법으로 볼 수 있는 능력이 생기면서 우리는 새로운 통찰을 얻게 되었다. 그 중 가장 중요한 두 가지 부분은 다음과 같다.

'말씀 묵상'은 세 가지 변화 과정 전체에서 최고의 요소다. 하지만 이것은 이야기의 한 부분일 뿐이다. 이 요소들의 영향력을 통계적으로 비교해 볼 때, '말씀 묵상' '나는 내 삶에 성경 말씀의 의미를 묵상한다.'은 어떤 개인적인 영성 훈련보다 더욱 큰 영향력을 갖는다. 사실, 가장 성숙한 단계인 '그리스도와 친밀함'과 '그리스도 중심의 삶'에서는 다른 어떤 요소보다 두 배의 촉진요소 역할을 한다. 이와 똑같이 통계적으로 비교할 때, 인도하심을 구하는 매일의 기도는 특별히 변화 2 과정에서 두 번째로 강력하게 영향을 끼치는 영성 훈련이다.

검토한 여러 다른 영적 요소들은 촉진요소로 드러나지 않았다. 영성 일기, 경건 서적 읽기, 교회 밖에서 기독교 문화 자료를 접근하는 것 기독교 음악, 라디오, 또는 메시지를 듣기, 기독교 서적을 읽기, 기독교 인터넷 사이트 검색 등은 세 단계의 영적 변화

'말씀 묵상'은 어떤 개인적인 영성 훈련보다 더욱 영향력이 크다.

에서 중요한 요소로 등장하지 않았다. 〈표 2-7〉에서 강조한 요소들과 비교할 때, 이러한 다른 활동들은 가장 중요하게 떠오른 촉진요소들처럼 변화를 이끌어내지 못했음을 알 수 있다.

표 2-7: 영적 성장에 가장 큰 영향을 미치는 개인 영성 훈련을 각각의 변화 단계마다 중요도에 따라 순서대로 정리했다.

4 다른 사람들과 함께하는 영적 활동

다른 사람들과의 영적 활동은 주로 교회 밖에서 일어나고, 이런 다양한 경험을 통해 자신의 믿음을 활성화시킴으로 영적 성장을 촉진시킨다. 이 활동들은 영적 우정과 막역한 친구들과의 비공식적 네트워크, 복음 전도, 그리고 해비타트 Habitat for Humanity 와 같은 조직을 통해 섬기는 것, 또는 그저 힘든 시기를 겪는 이웃을 도와주는 것처럼 '자신만의 방법으로' 도움이 필요한 사람들을 돕는 것을 포함한다.

〈표 2-8〉44쪽은 영적 성장의 각 변화마다 다른 사람들과 함께하는 가장 중요한 영적 활동을 설명한다.

이 촉진요소의 영역이 갖는 힘은 경험이 갖는 역동성에서 찾을 수 있다. 각각의 요소마다 약간의 위험을 내포하고 있다. 예를 들어 복음 전도를 통해 자신의 믿음을 공중 앞에서 공개하는 것, 또는 다른 신자에게 자신의 영적 부족함을 드러내는 것에 대한 위험과 같은 것들이다. 개인의 영성 훈련이나 안전하게 교회 내부에서 개인적인 신앙을 키워 나가는 것은 이 촉진요소와 관련된 공중 앞에서 드러내는 것과 비교할 때 쉬운 길이다. 하지만 위험을 감수하는 것은 믿음을 세운다. 또한 세 단계의 변화 과정에 따라 나타나는 촉진요소들은 그 위험 수위가 점점 증가하는 것을 볼 수 있다.

다음은 다른 사람들과 함께하는 영적 활동에서 얻는 두 가지 핵심적인 통찰이다.

영적 공동체는 영적 성장의 중요한 촉진요소다. 영적 공동체는 세 단계의 변화 전부에 영적 촉진요소로 나타나지만, 일상적인 우정의 관계에서 멘토의 관계로 형태가 변화하면서 더 많은 책임과 더 많은 위험을 내포한다. 초기의 변화 1, 2단계에서 볼 수 있는 영적 우정의 역할이 〈표 2-5〉에 나온 소그룹의 역할과 일치하는 것은 놀라운 일이 아니다. 많은 영적 우정이 소그룹이나 봉사와 같은 조직된 교회 활동에서 시작되는 것은 논리적으로 보인다.

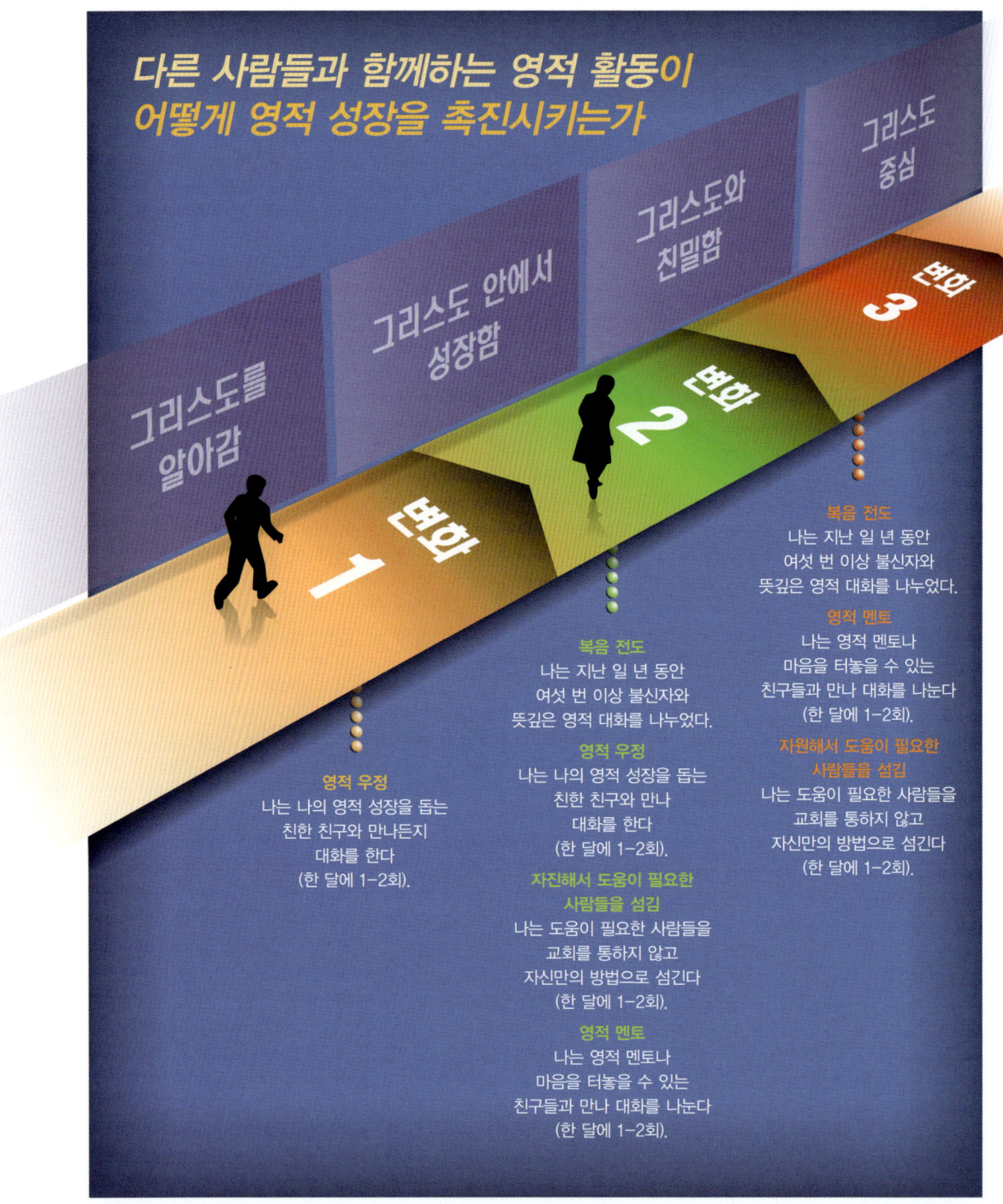

표 2-8: 다른 사람들과 함께하는 영적 활동에서 가장 큰 영향력을 끼치는 것은 주로 교회 밖에서 일어난다. 영적 성장을 촉진시키는 영적 활동을 각각의 변화 단계마다 중요도에 따라 순서대로 정리했다.

영적 성장의 촉진요소

> 자신의 영적 성장을 촉진시키기 위해, 어떤 종류의 영적 공동체가 가장 중요한지 묻는 질문에 모든 사람들이 영적 우정을 선택한 것은 주목할 만한 중요한 점이다 표 2-9.

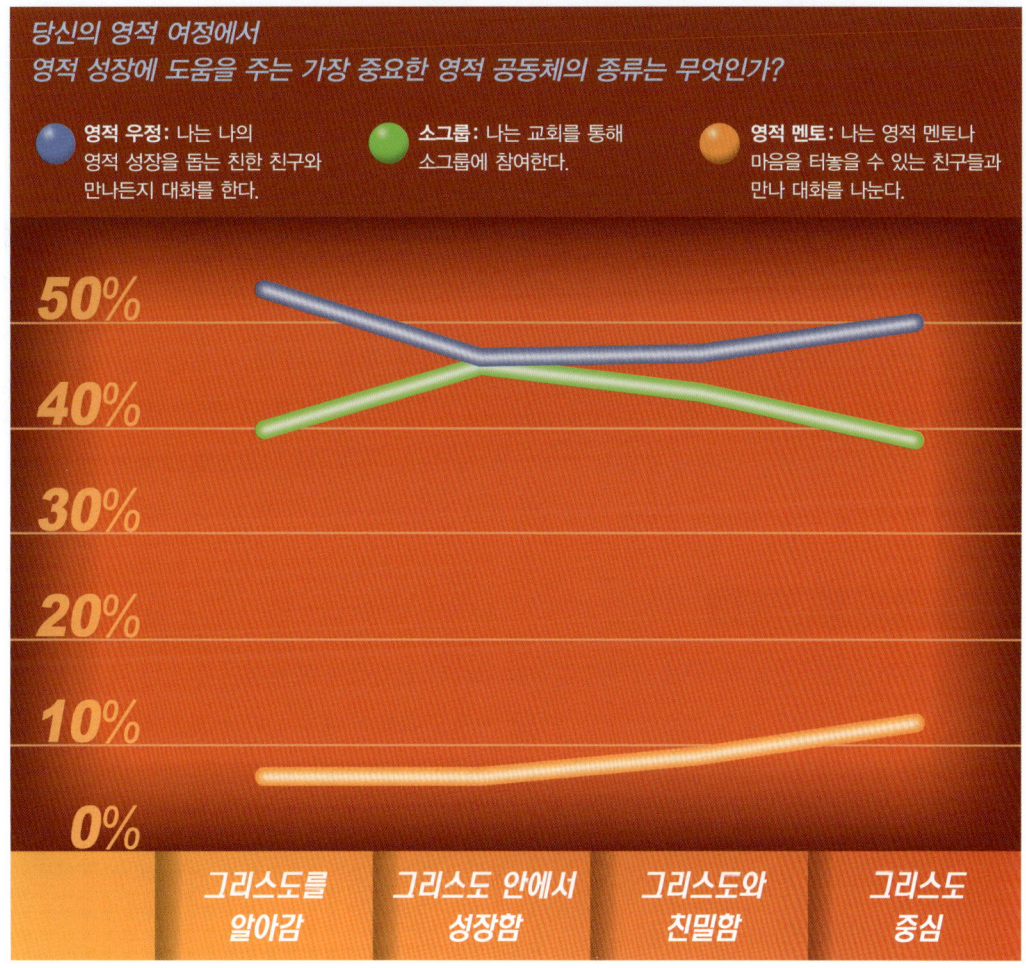

표 2-9: 각 단계마다 가장 많은 사람들이, 소그룹이나 영적 멘토보다 영적 우정을 자신의 영적 공동체 중에서 가장 중요한 요소라고 말했다.

많은 교회가 모든 신자들은 다양한 주제의 그룹으로 조직된 소그룹 형태의 영적 공동체에 속해 있어야 한다는 가정하에 운영하기 때문에 이것은 매우 중요한 발견이다. 연구 결과를 보면 교회들이 소그룹과 섬김의 경험을 제공하는 공식적이고 조직적인 모임을 활성화하는 것이 매우 중요하다고 가르쳐 주지만, 또한 어느 시점에는 조직화된 구조에서 놓아주는 것도 필요하다는 것을 제안한다. 조직화 구조의 목적이 강력한 비공식 관계 네트워크가 발달될 수 있도록 허용하는 것이라고 볼 때, 이러한 사실은 조직화 구조의 역할이 일시적일 수 있다는 것을 암시한다.

이것은 멘토나 막역한 친구들과 같이 서로의 삶에 책임을 느끼는 영적 관계들이 중간 단계와 더욱 성숙한 단계의 영적 변화를 경험하는 사람들에게 환영받는다는 증거와 일치한다. 친밀하고 책임감을 느끼는 관계가 소그룹의 평균 크기인 6-12명 안에서 일어날 확률보다는 일 대 일 관계에서 일어날 확률이 더 크다.

변화 2, 3에서 나타나는 최고의 촉진적인 요소는 복음 전도다. 이것은 복음 전도가 '원인'인지, '결과'인지에 대한 의문을 일으킨다. 바꾸어 말하면, 복음 전도는 성장하는 믿음의 효과로 나타나는 결과인가? 아니면 그리스도의 제자로서 하는 복음 전도의 경험이 영적 성장을 촉진시키는 원인인가?

우리의 결론은…

우리는 연구를 통해, 중간 단계와 성숙한 단계의 변화에서 더욱 높은 수준의 복음 전도가 더욱 높은 수준의 영적 성장을 가져올 확률이 매우 높다는 결론에 도달했다. 우리는 복음 전도가 원인과 결과, 두 가지 모두라는 가설을 세웠다. 복음 전도는 믿는 사람의 마음에서 우러나오는 결과물로 나타나기 때문에 결과라고 말할 수 있다. 동시에 신자의 신앙을 더욱 강화하고 충전시켜 주기 때문에 영적 성장의 원인이기도 하다.

복음 전도

영적 성장 – 직선적인가?

경험과 토론을 통해 얻은 모든 자료를 볼 때, 영적 성장이 단계적으로 서서히 나아가는 직선적인 과정처럼 보일 수도 있다. 그러나 그것은 말도 안 된다.

영적 성장은 매우 개인적인 과정이며, 우리의 믿음을 촉진시키고 결정짓는 신비로운 순간들로 가득하다. 영적 성숙을 보장하는 공식은 없다. 사실, 우리 대부분도 우리의 영적 여정에서 직선적인 발전 과정보다는 우여곡절을 더 많이 경험했다고 말할 것이다.

'영적 교향악단'의 이미지는 우리가 자료를 통해 발견한 연구 자료, 도표와 함께 영적 성장의 신비를 풀어가는 데 도움을 줄 것이다.

뮤지컬이나 연주회에 참석한 적이 있다면 교향악단이 네 가지 다른 종류의 악기들을 사용해서 음악을 연주하는 것을 들었을 것이다.

> **영적 성숙을 보장하는 공식은 없다.**

목관악기부 – 클라리넷, 오보에, 바순, 등.
현악기부 – 바이올린, 비올라, 베이스, 등.
금관악기부 – 트럼펫, 트롬본, 튜바, 등.
타악기부 – 작은 북, 심벌즈, 팀파니, 등.

교향악단이 연주를 하는 동안, 모든 악기는 연주할 차례가 아니더라도 무대 위에서 대기한다. 예를 들어, 타악기부의 악기들은 정해진 부분에서 아주 잠깐 연주를 하지만 자리를 지킨다. 악기들은 때때로 침묵해야 하지만, 절대로 자리를 비우지 않는다. 그리고 연주 중에는, 음악의 흐름에 따라 그들의 소리가 약해질 수도, 강해질 수도 있다.

영적 촉진요소의 네 가지 그룹을 이 네 가지 종류의 악기들과 비교해 생각해 보자. 연주를 하는 동안 절대 자리를 떠나지 않는 교향악단의 악기들처럼, 우리의 네 가지 영역의 영적 촉진요소들은 절대 영적 '무대'를 떠나지 않는다. 그것들은 한 사람의 영적 성장에 늘 존재하며 활동을 한다. 영적 성장에 미치는 영적 촉진요소들의 효과와 영향력은 영적 성장 세 단계 변화의 과정에 따라 어떤 경우에는 극적으로 바뀐다. 하나의 교향곡에서 변화가 전개되는 것처럼 영적 변화들도 매우 뚜렷하게 나타난다. 하지만 이러한 변화는 다음 단계로 나아가기 위해 필요한 영적 진보를 만들기 위해 같은 '악기들' 촉진요소들 을 사용함으로 하나의 흐름에서 그 다음으로 이어간다.

교향악단에 있는 네 그룹의 악기들을 사용해서 다양한 음악 악곡을 몇 개나 연주할 수 있는가? 수백 개? 수천 개? 어쩌면 수만 개? 이와 같이, 다양한 조합의 믿음, 교회 활동, 영성 훈련, 그리고 다른 사람과 함께하는 영적 활동들을 통해 얼마나 많은 종류의 영적 여정을 만들 수 있을까? 우리가 상상할 수 있는 것보다 훨씬 더 많을 것이다. 무수한 화음과 음을 통해 음악이 작곡되는 것처럼, 영적 여정 역시 거룩한 손으로 만들어지고, 유일무이한 흔적으로 쓰여진다.

> **영적 여정은 각 개인에게 하나밖에 없는 독특한 것이다.**

네 그룹의 영적 촉진요소는 그렇게 무대에 남지만, 영적 여정은 각 개인에게 하나밖에 없는 독특한 것이다. 이 연구는 우리에게 영적 변화에 필요한 50개가 넘는 촉진요소의 일반적인 역할과 중요성에 대해 말해 준다. 하지만 개인의 영적 여정의 무늬에는 신비함이 남아 있다. 모든 각 개인의 영적 교향곡은 독특하다.

악단의 연주를 시작하라!

우리는 이제 영적 성장 과정에서 네 영역의 촉진요소가 어떻게 움직이는지 이해했다. 우리가 50개 이상의 촉진요소를 같은 영적 냄비에 다 넣었다면, 그 중에 어떤 것이 영적 성장에 가장 중요한 요소로 떠오를 것 같은가? 영적 믿음과 태도일까? 아니면 개인 영성 훈련일까? 다른 사람들과 함께하는 영적 활동들일까? 모든 요소들 가운데서, 변화 1에 가장 중요한 것은 무엇일까? 변화 2는? 변화 3은 어떠한가?

그것이 다음에 살펴볼 내용이다. '악단은 연주를 시작' 했다. 이 영적 성장 과정에서 어떤 요소가 가장 영향력이 강한 촉진요소인지, 각각의 영적 변화를 살펴볼 것이다.

캘리 파킨슨 CALLY PARKINSON

FOLLOW ME

③
**영적 성장의
학습곡선**

영적 성장의 핵심 동력

growth 성장

초신자의 영적 성장에 필요한 것은 헌신된 그리스도의 제자들의 필요와는 확연하게 다르다. 영적 성장의 여러 단계에서 성장을 이끌어 내는 것과 그렇지 못한 것은 무엇일까? 우리는 그 해답을 찾기 위해 이 연구에 착수한다.

inspire growth

성장을 이끔

3
영적 성장의 학습곡선

배운다는 것은 1차원적인 과정이 아니다. 사람들은 교실에서 이루어지는 가르침과 배움, 체험을 통한 훈련, 경험과 같은 다양한 과정을 통해 지식과 기술을 익힌다. 화학의 복잡한 원리를 공부한 의대생이 대학 연구소의 실험을 통해 이 원리들을 실용적으로 익힌 후에 인턴이 되어 환자들에게 활용하는 것과 같다.

영적 성장은 다차원의 학습곡선처럼 복잡하다. 사람들은 가르침에서 배움까지, 영적 지도에서 일상생활의 영적 경험에 이르기까지 여러 가지 경로를 통해 영적으로 성장한다. 우리는 이미 2장에서 이러한 경로의 원천, 즉 영적 믿음과 태도, 교회 활동 등과 같은 촉진요소들에 대해서 검토해 보았지만 그것들을 독립적인 영역인 것처럼 수평적 관점으로만 보았다. 이것은 한 학생의 배움의 과정을 평가할 때 단지 수학 한 과목의 학업 성취도만을 가지고 평가하는 것과 같다.

이 장의 목적은 영적 촉진요소의 모든 영역이 어떻게 함께 세 가지 영적 변화의 각각에 영향을 주는지 살펴봄으로써, 영적 성장 학습곡선의 복잡한 비밀을 푸는 것이다. 다시 말하면, 우리는 수직적 관점으로 각각의 영적 변화를 파헤치고, 각 변화에 가장 영향력이 있는 촉진요소가 무엇인지에 집중할 것이다 표 3-1.

사람들은 가르침에서 배움까지, 영적 지도에서 일상생활의 영적 경험에 이르기까지 여러 가지 경로를 통해 영적으로 성장한다.

표 3-1: 변화 2의 확대된 모습은 우리가 이 장에서 집중할 세 가지 각각의 영적 변화에 영향을 미치는 가장 중요한 영적 성장의 촉진요소를 보여 준다.

각각의 변화들을 더욱 자세히 살펴보면 영적 성장에 관해 예측할 수 있는 중요 요소들을 확인할 수 있다. 이 '예측 가능'이라는 말은 가장 흔하게 확실한 결과를 일으키는 요소들의 조합을 의미한다. 예를 들어, 고혈압, 높은 콜레스테롤 수치, 그리고 비만의 조합은 심장병을 예측하도록 만드는 것과 같다. 우리가 어떤 영적 요소들이 다른 것들보다 '더 예측 가능'하다고 말하는 것은, 곧 이러한 요소들이 존재할 때 영적 성장이 일어날 확률이 높다는 의미이다. 환자가 비만, 고혈압, 그리고 높은 콜레스테롤 수치를 가지고 있을 때 심장병이 일어날 확률이 높은 것처럼 말이다. 이번 장은 예측 가능성에 대해서 다룰 것이다. 영적 성장의 가장 예측 가능한 요소들을 살펴보게 될 것이다.

50개 이상의 영적 촉진요소에 대한 우리의 분석을 근거해서 우리는 각각의 영적 성장 변화에 예측 가능한 요소들을 중요한 순서대로 나열하고, 그 요소들을 비교해서 어떤 요소가 다른 요소에 비해 얼마나 더 중요한지 보여 줄 것이다. 이 개념이 왜 그렇게 중요한지 설명하기 위해 우리에게 친근한 카테고리인 아이스크림 맛의 순위가 어떻게 매겨지는지 살펴보자.

어떤 맛 아이스크림을 제일 좋아하는가?

당신이 만약 바닐라를 가장 좋아한다면 마침 잘된 일이다. 가장 인기 있는 아이스크림 맛 열 가지 가운데 바닐라는 1위를 차지했다. 초콜릿이 2위, 딸기가 바로 뒤를 따른다. 하지만 이 랭킹에는 오류가 있다. 랭킹 자체는 정확하지만, 바닐라의 진정한 인기가 어느 정도인지를 보여 주기에는 문제가 있다. 바닐라는 단순하게 1위일 뿐만 아니라, 초콜릿보다 2배나 더 인기가 높다. 그리고 초콜릿 또한 인기 있는 열 가지의 아이스크림 맛 가운데 다른 맛들보다 훨씬 높은 인기를 얻고 있다.

영적 성장을 촉진시키는 요소들을 순서대로 나열할 때, 우리는 바닐라 맛과 같은 영적 요소를 찾는다. 우리가 알고 싶은 것은 세 가지 각각의 변화에 영향을 주는 요소들의 중요도이지만, 그 가운데 가장 뛰어난 요소가 무엇인지도 알고 싶다. 이 바닐라와 같은 요소들은 다른 영적 촉진요소들보다 더욱 강력하고 영향력이 있는 촉진요소이다. 즉 영적 성장에 대단한 영향을 끼칠 수 있는 가능성을 가진 촉진요소의 전형적인 모습을 보여 주기 때문에 주목 받고 지원 받을 만한 가치가 있다.

모든 교회들은 제한된 시간과 자원을 가지고 있다. 우리의 소망은, 각 영적 성장의 변화에 가장 큰 영향을 미치는 촉진요소를 밝혀냄으로써 어떤 사역이 우리의 관심을 받고 다루어져야 하는지를 드러내는 것이다.

영적 성장을 촉진시키는 요소들을 순서대로 나열할 때, 우리는 바닐라 맛과 같은 영적 요소를 찾는다.

변화 1: 기초에 관한 모든 것

운동을 배우거나 악기를 배우는 것, 또는 다른 언어를 배우는 것처럼, 새로운 것을 배우는 것은 언제나 기초를 확실히 이해하는 것부터 시작된다. 변화 1은 영적 성장 과정의 가장 빠른 단계를 대표하기 때문에, 기독교 신앙의 기초를 발전시킬 때 가장 영향력 있는 영적 촉진요소들을 필요로 하며 그 활동이 중요한 역할을 한다. 표 3-2

> 새로운 것을 배우는 것은 언제나 기초를 확실히 이해하는 것부터 시작된다.

변화 1에 가장 영향력을 미치는 촉진요소들

그리스도를 알아감에서 그리스도 안에서 성장함으로 변화	
영적 믿음과 태도	은혜로 얻는 구원 삼위일체 나의 하나님 그리스도를 첫 자리에 모심 성경의 권위
교회 활동	교회를 섬김 주말 예배 소그룹
개인적인 영적 훈련	말씀 묵상 – '드문'에서 '자주' 성경 읽기 – '드문'에서 '자주' 인도하심을 구하는 기도 – '가끔'에서 '자주' 죄를 고백하는 기도
다른 사람들과 함께하는 영적 활동	영적 우정

표 3-2: 이것은 변화1을 위한 영적 촉진요소의 네 가지 영역에서 나타나는 가장 중요한 요소들이다.

50개 이상의 요소들 중에서, 〈표 3-2〉를 보면 변화 1단계에서 영적 성장을 촉진시키는 데 가장 중요한 요소는 13개로 드러났다. 영적 성장 학습곡선에서 변화 1에 있는 활동과 경험들은 초등학교 시기와 매우 흥미로운 공통점들을 보여 준다.

초등학교 기간은 우리가 수학과 철자법의 기초와 씨름하는 기간이다. 우리는 교실과 동아리에서 처음으로 사회 구조를 경험하는데, 이 구조들을 통해 우리는 첫 친구들을 얻는다.

우리는 큰 집단 안에서 대화하는 법을 배우고 혼자 읽는 방법을 배운다. 이 시기는 우리가 새로운 발견을 하며 가족이라는 집단 밖에서 자신의 정체성에 대해 알아가는 흥미진진한 시기이다.

이 새로운 경험과 발견들은 변화 1단계에 있는 사람들의 영적 성장의 특징이기도 하다. 그들은 기독교적 신앙의 기초와 씨름하며, 섬김과 소그룹처럼 지속적인 영적 우정을 만드는 조직된 교회 구조에 참여하기 시작한다. 또한, 그들은 성경 읽기와 말씀 묵상, 기도와 같은 신앙 성장 과정의 여정에서 그들을 지탱해 줄 훈련을 향한 첫걸음을 내딛는다.

> **변화 1단계 안에 있는 사람들의 영적 성장의 특징은 기초적인 기독교 믿음과 씨름하는 것이다.**

두 가지 핵심 통찰

이어지는 변화 1단계에 관한 두 가지 핵심 통찰은 초신자들에게 기초가 되는 믿음의 중요성과 그들의 첫 번째 영적 성장 경험에 교회가 제공하는 진입로 역할에 초점을 두고 있다.

기초적인 믿음은 매우 중요하다

사전에서는 믿음을 "어떤 것이 진실이거나 현실이라고 지성적으로 납득하는 것으로 종종 감정적이거나 영적인 확신감에 근거를 두고 있다"고 정의한다. 은혜로 얻는 구원과 삼위일체가 진실이라고 온전하게 믿지 않고는 그리스도인으로서 진정한 영적 성장을 경험하는 것은 상상할 수 없다.

그래서, 변화 1단계 사람들의 영적 성장 특징은 '기초적인 기독교 믿음과 씨

> 름하는 것이다'라는 사실은 놀라운 것이 아니다. 〈표 3-3〉에서는 그리스도를 알아감의 단계와 그리스도 안에서 성장함 단계 사이에서 믿음의 동의가 급등하는 것을 볼 수 있다.

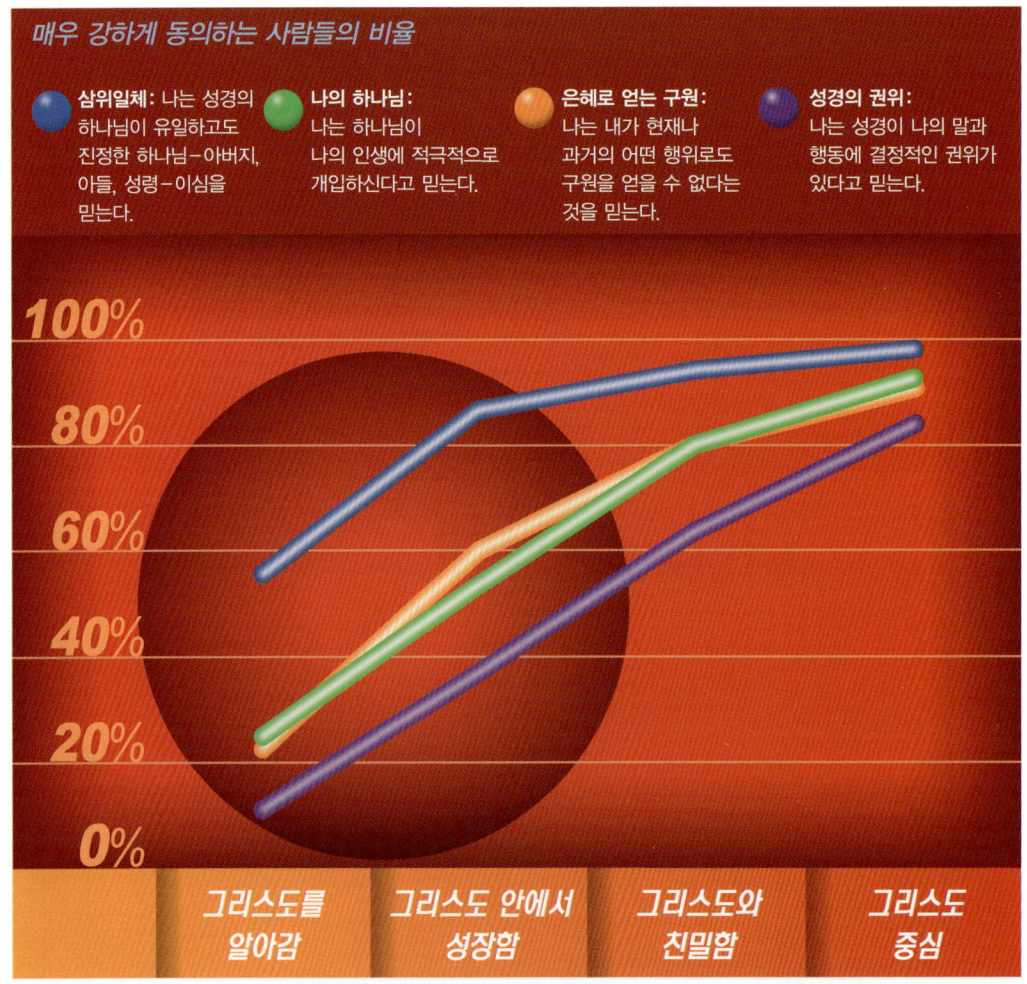

표 3-3: 그리스도를 알아감에서 그리스도 안에서 성장함으로 성장하기 위해서는 믿음의 기초적 요소를 확립하는 것이 중요하다. 이것은 네 가지 핵심적인 기독교 신앙과 '매우 강하게 동의'하는 사람들의 비율이 급격히 증가하는 사실(동그라미 부분)로 입증된다.

spiritual fundamentals
영적 기초

한 사람이 궁극적으로 기독교 믿음으로 개종하고 한평생 경험하는 영적 성장의 속도와 깊이는, 핵심적인 믿음의 의미를 완전하게 이해하고 받아들이는 것과 매우 중요한 관계가 있다. 수학의 기본과정을 알아야 미적분을 배우고 문법을 알아야 논문을 쓸 수 있는 것처럼, 영적 기초들은 영적 성장에 있어서 필수불가결한 요소들이다. 이러한 기초적인 믿음을 세우기 위해 교회는 학습 기반을 제공하고, 그리스도인으로서의 삶에 대한 첫인상을 바로 세울 수 있는 믿음에 기초한 환경을 제공해야 한다.

> 교회 활동은 초신자들에게 사회적 구조를 제공하기 때문에 매우 중요하다.

교회 활동은 영적 성장의 '진입로'를 제공한다.

교회 활동은 영적 믿음과 태도를 발전하게 하며 강화시키는 가장 중요한 진입로를 형성해 준다. 교회 활동은 영적 우정과 다른 관계들이 형성될 수 있도록 초신자들에게 사회적 구조를 제공하기 때문에 매우 중요하다. 사람들이 기독교 믿음과 실천이라는 새로운 물에 첫 발을 담그게 되는 변화 1 과정에서 교회는 가장 중요한 역할을 수행한다. 교회가 영적 성장의 진입로를 제공하는 능력이 있다는 것은, 그리스도를 알아감에서 그리스도 안에서 성장함의 단계 사이에 교회의 세 가지 활동에 대한 참여도가 매우 높아진 것을 통해 알 수 있다 표 3-4.

나를 따라

영적 성장의 초기 단계에 있는 사람들에게는 교회 활동의 참여가 두드러지게 증가한다

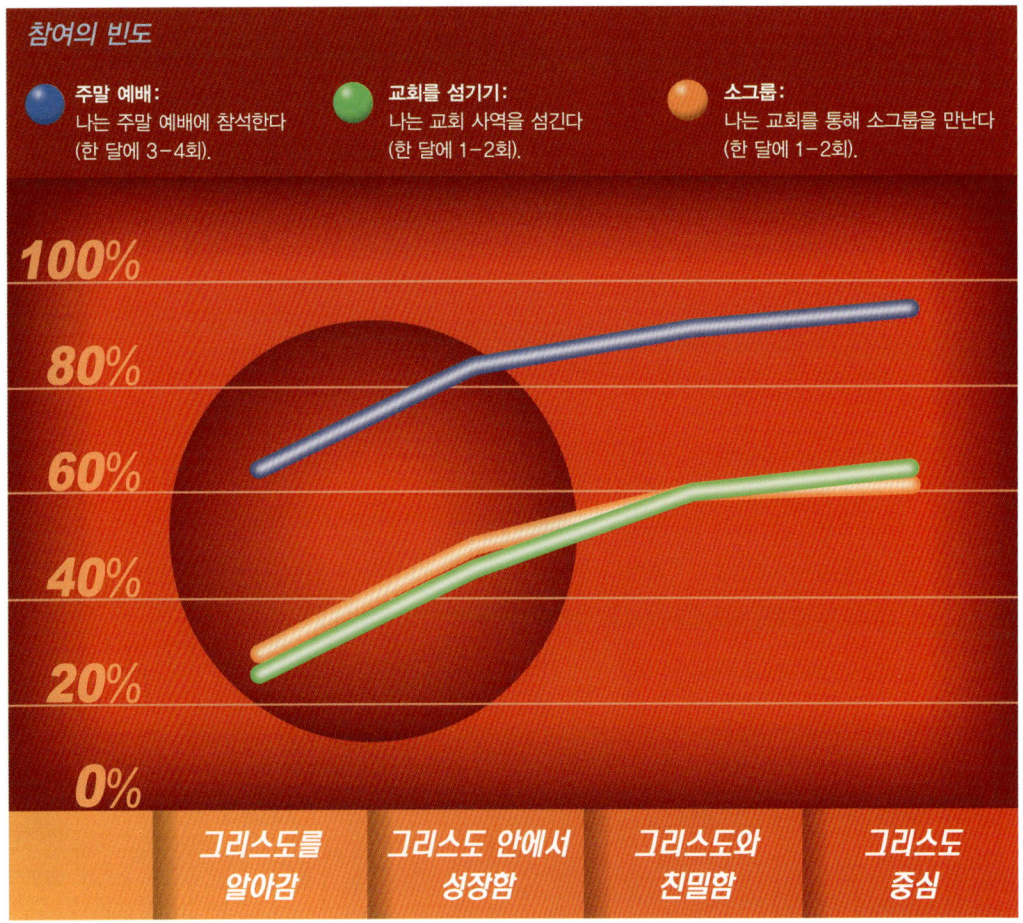

표 3-4: 교회 활동에 참여하는 사람들의 비율이 두드러지게 증가하는 것(동그라미 부분)은 교회와의 발전적 관계가 그리스도를 알아감에서 그리스도 안에서 성장함으로 이동하는데 중요한 영향력이 있다는 것을 보여 준다.

교회는 초신자들에게 영적 교실의 역할을 한다. 교회는 믿음의 성장을 강화시켜 주는 양육 환경과, 공동체 내의 믿음 소그룹과 행동하는 믿음 섬김을 경험할 수 있는 기회를 제공한다. 영적 성장 이후의 단계에서 참여도가 완만해진다는 사실은 성숙한 단계의 성장이 교회 활동 이외의 추가적인 요소들에 의해 이루어지고 있음을 암시한다. 아주 높은 참여도를 보여 주는 주말 예배는 초기 단계에서 높은 상승을 보여 준다. 그 결과 초기 단계에서 가장 강력한 촉진요소의 역할을 한다. 이 내용은 영적 성장에 있어서의 주말 예배 역할에 대한 사람들의 만족도와 중요성에 대해 살펴볼 4장에서 더 주의 깊게 다룰 것이다.

변화 1을 위한 다섯 가지 영적 촉진요소

〈표 3-5〉는 변화 1에서 영적 성장을 예측할 수 있는 다섯 가지 요소들을 순서대로 보여 준다. 앞에서 언급했듯이, 이 변화 과정에서 가장 필요한 것은 기독교 신앙의 굳건한 기초를 세우는 것이다. 이것은 은혜로 얻는 구원과 삼위일체에 대한 믿음이, 가장 중요한 두 가지 영적 성장 촉진요소라는 사실을 증명한다.

가장 중요한 두 가지 영적 성장 촉진요소는 은혜로 얻는 구원과 삼위일체에 대한 믿음이다.

**변화 1:
그리스도를 알아감에서 그리스도 안에서 성장함까지**

변화 1에 영향을 미치는 영적 촉진요소 5위

1. 은혜로 얻는 구원 (영적 믿음/태도)

2. 삼위일체 (영적 믿음/태도)

3. 교회를 섬김 (교회 활동)

4. 인도하심을 구하는 기도 (영적 훈련)

5. 말씀 묵상 (영적 훈련)

* 중요한 순서대로 나열했다. 분석에 사용한 통계적 접근의 더욱 상세한 설명을 알고 싶으면 부록 2, "연구의 조사 방식과 방법론"(144쪽)을 참조하라.

표 3-5: 평가한 50개 이상의 요소들 중 상위 다섯 가지 영적 촉진요소를 변화 1에서 중요한 순서대로 나열했다. 이 다섯 개의 요소들은 '그리스도를 알아감'에서 '그리스도 안에서 성장함'으로 성장해 갈 때 예측 가능한 가장 확실한 촉진요소의 조합을 대표한다.

은혜로 얻는 구원에 대한 견고한 믿음이 변화 1에서 가장 영향력이 큰 요소다.

　은혜로 얻는 구원은 촉진요소 가운데 1위를 차지했다. 그런데 이것이 나머지 네 가지 요소들보다 한층 뛰어난 바닐라 요소인가? 우리의 대답은 제한된 의미에서 '그렇다'이다. 그 이유는 그리스도를 알아감 단계에서 그리스도 안에서 성장함 단계까지 성장할 때 은혜로 얻는 구원에 대한 믿음은 가장 예측 가능한 요소로 큰 폭의 차이는 없지만 그 차이가 확실하기 때문이다. 삼위일체에 대한 신념보다 20퍼센트 더 예측 가능하고, 나머지 세 가지 요소들보다는 50퍼센트 더 예언적이다. 이것은 은혜로 얻는 구원 "나는 내가 현재나 과거의 어떤 행위로도 구원을 얻을 수 없다는 것을, 매우 강하게 동의한다" 에 대한 견고한 믿음이 변화 1에서 가장 영향력이 큰 요소지만, 그 영향력이 바닐라의 비교 척도인 두 번째 요소 삼위일체에 대한 믿음 의 두 배에는 못 미쳤다.

　변화 1에 나타나는 기초적 믿음의 중요성은 분명하다. 사람들이 그리스도를 그들의 주님과 구세주로 받아들이는 결정은 변화 1에서 일어난다. 또한 기도와 말씀 묵상으로 영적 성장 훈련의 첫 걸음을 내딛는 것이, 흥미롭게도 우리가 살펴본 다른 어떤 요소들보다 영적 성장에 더 중요한 요소로 나타난다. 이것은 사람들이 개인적인 영적 훈련에 참가하도록 격려하는 것이 곧 변화를 촉진시킨다는 의미이기도 하다. 초등학교 비유를 가지고 다시 설명해 본다면, 이것은 우리가 어려서 읽기나 수학을 배울 때, 부모님이나 선생님 없이도 스스로 배움의 길을 터득할 수 있다는 사실을 깨달았던 때와 유사하다. 이와 같이, 변화 1에서 영적 훈련을 시도하는 것은 그리스도와 깊은 인격적인 관계 교회 중심적인 것과 대비되는 를 세워 가는 첫 걸음이며, 영적 성장의 초기 단계에서는 성장을 촉진시키는 요소가 된다.

　변화 1에서 가장 영향력이 큰 교회 활동은 교회 사역에 참여하는 것이다. 그 이유는 이중적일 수 있다. 첫째, 섬김은 주말 예배를 참석하는 것과 같은 수동적인 활동을 넘어서는, 신앙에 기초를 둔 경험을 실생활에서 누릴 수 있도록 기회를 제공해 준다. 이러한 섬김은 우리의 신앙을 살아 움직이도록 돕기 때문에 교회의 다른 활동들보다 성장을 더욱 촉진시키는 이유일 수 있다. 섬김이 그렇게 영향력을 가지는 두 번째 이유는 〈표 3-2〉 54쪽 에 있는 마지막 항목과 관련 있는 영적 우정의 중요성 때문이다. 교회 사역을 섬기는 것은 영적 성장의 첫 번째 단계들에 있는 관계적 필요들을 충족시키는 가장 좋은 전략일 수 있다. 이 관계적 연결은 섬김의 경험을 특별히 촉진적이게 만드는 이유일 수 있다. 섬김이 갖는 이 두 가지 특징 경험의 활동적 성격과 공동체가 기반인 환경은 교회 사역을 섬기는 것이 왜 가장 촉진적인 교회 활동이라고 분석하고 있는지 설명할 수 있을 것이다.

변화 1은 근본에 대한 것이다…

변화 1은 기독교 신앙의 근본과 능동적이며 인격적인 신앙으로 첫 걸음을 내딛는 것에 관한 것이다. 다시 한 번 이러한 영적 성장을 촉진시키는 상위 다섯 가지 요소들의 의미를 생각해 보자. 고혈압, 고 콜레스테롤과 과체중이 심각한 심장 상태를 예측하게 만드는 것처럼 이러한 다섯 가지 요소들은 변화 1단계 안에서 영적 성장의 상태를 가장 분명하게 보여 주는 요소들이다. 〈표 3-2〉에 있는 요소들이 모두 초신자들의 영적 성장에 중요하지만, 상위 다섯 가지 요소들은 영적 성장의 영향력을 극대화시킬 수 있는 방법들이다.

변화 2: 훈련, 훈련, 훈련

근본에 대해 확실하게 이해한 것을 실습할 때, 모든 훌륭한 코치와 선생님들은 오래전부터 해온 똑같은 조언을 한다. 훈련하라! 악기를 더 많이 연주할수록, 점프 슛을 더 많이 연습할수록, 또는 새로운 언어에 열중할수록 그 기술을 제대로 통달하게 될 것이다.

이러한 훈련의 개념은 변화 2의 핵심 주제다. 이 변화에는 18개의 요소들이 촉진요소로 나타났다 표 3-6, 62쪽. 이 단계에서 영적 성장은 한 사람이 처음 '그리스도 안에서 성장함'이라는 초보 단계에서 '그리스도와 친밀함'의 중간 단계로 움직인다. 여기에서 우리가 보는 것은, 영적 성장을 더욱 깊은 수준의 개인 확신과 그리스도를 향한 헌신으로 이끄는 활동과 관계에 깊어진 헌신 훈련의 흔적이다.

변화 2에서 가장 영향력이 큰 촉진요소들

그리스도 안에서 성장함에서 그리스도와 친밀함으로 성장하기	
영적 믿음과 태도	나의 하나님 은혜로 얻는 구원 성경의 권위 그리스도를 첫 자리에 모심 그리스도 안의 정체성
교회 활동	교회를 섬기라 교회를 통해 도움이 필요한 사람들을 섬기라 영적 주제에 대한 성인 교육 수업 소그룹
개인적인 영적 훈련	인도하심을 구하는 기도 – '자주'에서 '매일'로 말씀 묵상 – 자주 십일조 주님과 나만의 시간(독거) 성경 읽기 – 자주
다른 사람들과 함께하는 영적 활동	복음 전도 영적 우정 자진해서 도움이 필요한 사람들을 섬김 영적 멘토

표 3-6: 변화 2에 영향을 미치는 영적 촉진요소 네 가지 영역의 가장 중요한 요소들.

더욱 커진 독립심, 더욱 깊어지고 더욱 복잡해지는 관계들도 변화 2의 특징이다.

학습곡선에 관한 비유가 변화 2에서 일어나는 것에 대해 추가적인 통찰력을 제공할 수도 있는데, 이것은 고등학교 시기와 비교할 수 있다. 이 시기 학생들에게 나타나는 전형적인 특징은 독립심 증가이다. – 학교와 교사의 도움 없이도 혼자 알아서 숙제하고 공부한다. 이 시기의 또 다른 특징은 복잡성이다. – 과학과 역사, 그리고 더욱 복잡한 수준의 수학과 문학을 포함한 교과 과정으로 들어간다. 더불어 사회적 관계들은 깊어지고 이 관계들을 통해 점점 삶이 주는 어려움과 갈림길에 대한 조언과 상담을 얻게 된다.

더욱 커진 독립심, 더욱 깊고 복잡해지는 관계들도 변화 2의 특성이다. 사람들이 점점 자신의 영적 성장에 대한 개인의 책임감을 인식하면서, 더욱 많아진 개인적인 영적 성장을 촉진시키는 훈련 목록에서 독립심의 증가를 보게 된다. 우리는 이들이 성인 교육 수업과 도움이 필요한 사람들을 섬기는 것과 같은 교회 활동을 선택할 때 더욱 복잡해진 것을 볼 수 있다. 성장을 촉진시키는 영적 우정의 관계와 영적 멘토들이 더해지면서 관계도 더 깊어진다. 또한 그리스도의 사랑에 대한 반응의 결과로 길을 잃고 영적 노예로 살아가는 사람들을 전도하거나 도움이 필요한 사람들을 자신의 방법으로 섬기는 등 선교 활동에도 참여한다.

이러한 영적 촉진요소의 목록을 보면, 변화 2 안에서 영적 참여가 증가한 것을 쉽게 볼 수 있다. 이처럼 영적 참여를 이끌어내는 가장 강력한 힘은, 그리스도와 인격적이고 친밀한 관계를 세우는 일상적인 영적 훈련이다. 변화 1단계의 교회 의존적이며 수동적인 그리스와의 관계에서, 더욱 능동적이고 인격적인 그리스도와 친밀한 관계로의 성장은 변화 2단계에서 일어나는 영적 성장의 가장 큰 깨달음이다.

> *영적 참여를 이끌어내는 가장 강력한 힘은, 그리스도와 인격적이고 친밀한 관계를 세우는 일상적인 영적 훈련이다.*

수동적에서 능동적으로 변화하는 믿음

변화 1에서는 사람들이 자신의 영적 성장의 책임을 교회에게 돌리지만, 변화 2에서는 확연하게 달라진다. 하나님께서 그들의 일상적인 삶의 경험에 분명하게 존재하시고 개입하심을 깨달으면서 사람들은 자신의 영적 성장의 책임을 이제는 좀더 자신에게 돌린다 표 3-7.

변화 2에서는 예수님과 자신의 관계가 분리되어 있고, 감탄의 대상으로 여기는 전 단계와는 달리 지속적인 교제와 친밀함으로 변화한다. 회사에서 혹은 동네에서 산책할 때 일주일에 한번쯤이나 마주칠 수 있는 당신이 존경하고 좋아하는 어떤 사람을 생각해 보라. 이제는 믿을 만한 친구를 생각해 보라. 친밀한 관계를 맺고 있고 당신의 상황에 대해서 잘 알아서 위기에 처해 있을 때 곧

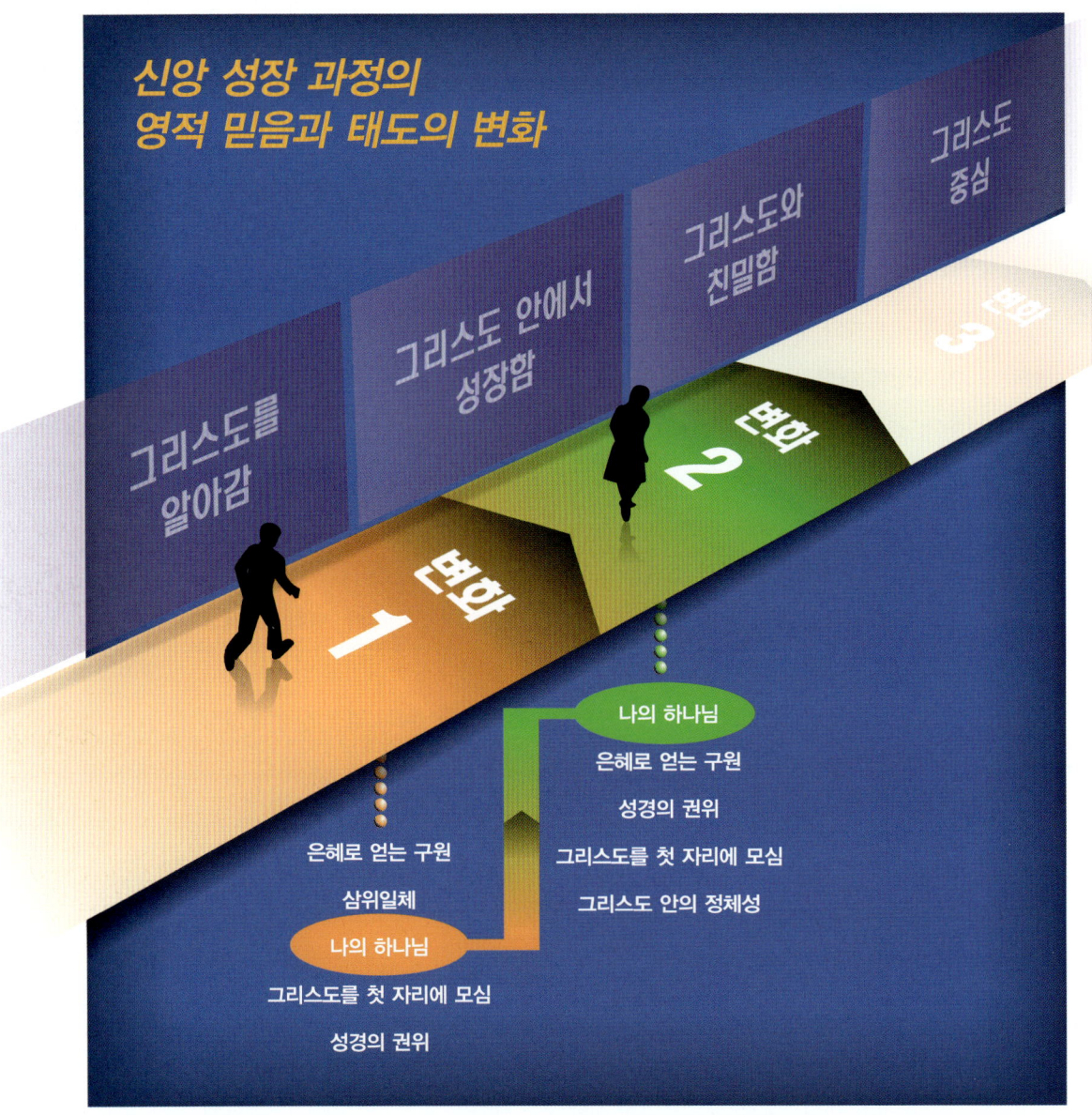

표 3-7: '나의 하나님'에 대한 믿음('나는 하나님이 나의 인생에 적극적으로 개입하신다고 믿는다.')은 변화 1에서 세 번째로 중요한 촉진요소인 반면, 변화 2에서는 가장 중요한 영적 믿음의 촉진요소로 부상한다.

daily prayer
매일의 기도

바로 연락할 만한 그런 친구 말이다. 당신이 존경하는 어떤 지인과 친밀한 친구는 관계 면에서는 아주 다르다. 변화 2에서는 사람들이 일주일에 한번 마주치는 수동적인 관계에서, 거의 매일 만나는 친밀한 교류로 발전한다. 이 친밀한 교류들은 영적인 훈련이 현저하게 증가하면서 이루어진다.

삶의 일부가 된 개인적인 영적 훈련

우리의 삶에서 가장 신뢰할 수 있는 깊은 관계들은 우리가 그 관계에 쏟아 부은 에너지와 시간의 직접적인 결과이다. 그 투자는 오랜 시간 동안의 대화, 격려와 지지의 메시지, 힘든 시간 곁에 있어 줄 때 얻는 위안처럼 다양한 형태를 지닌다. 변화 2에 있는 사람들은 하나님과의 관계에서 이런 투자의 빈도를 높인다. 우리는 그리스도 안에서 성장함과 그리스도와 친밀함의 단계 사이에 매일의 기도나 성경 공부처럼 개인적인 영적 훈련이 증가하는 것을 목격할 수 있다 표 3-8, 66쪽.

하나님과의 교제에 에너지와 함께하는 시간을 늘릴 때 점점 더 친밀한 관계로 발전하는 것은 당연한 결과이다. 그러나 가장 민감하면서도 더 중요한 것은 관계의 쌍방향적 본질을 증가시키는 것이다. 하나님께 말씀을 드리는 것만 중요한 것이 아니다. 하나님께 귀를 기울이고 기도에 대한 대답을 듣는 것도 중요하다. 성경을 읽는 것만으로 영적 성장이 촉발되지는 않는다. 읽은 그 말씀이 가장 의미 있게 되는 것은 사람이 생각하고 살아가는 방식에 변화를 줄 수 있는 말씀으로 그 의미를 반추할 때이다.

이러한 쌍방향 관계는 변화 2에서 점점 발전한다. 이것은 격려와 감사, 통찰

사람들이 일주일에 한번 마주치는 수동적인 관계에서, 거의 매일 만나는 친밀한 교류로 발전한다.

력, 지도와 지지가 흘러가도록 돕는 개인과 하나님의 정기적인 쌍방향 영적 관계를 일컫는 것이다. 이것은 변화 1에서 경험하는 하나님에 대한 지식을 토대로 한 관계가 하나님과의 정서적인 풍성한 관계로 변화하는 것이다.

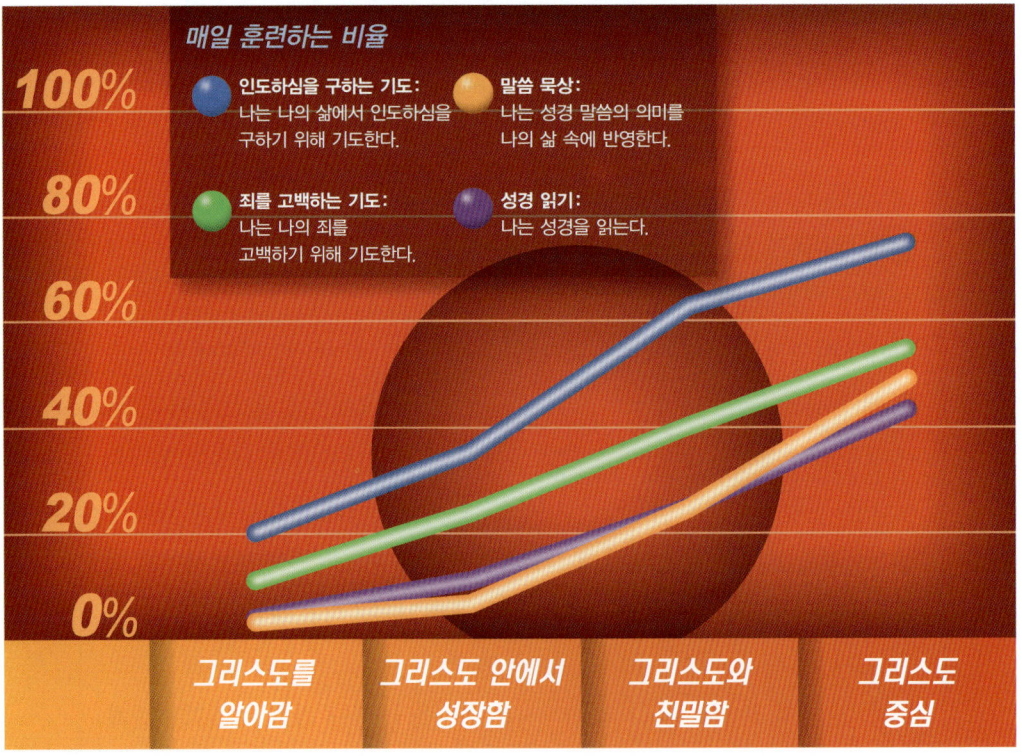

표 3-8: 매일 영적 훈련을 한다고 하는 사람들의 비율이 가파른 경사(동그라미 부분)를 보이는 것은 정기적인 영적 훈련이 '그리스도 안에서 성장함'에서 '그리스도와 친밀함'에 가까워지는 변화에 중요한 영향을 끼친다는 사실을 보여 준다.

spiritual disciplines

영적 훈련

변화 2를 위한 다섯 가지 영적 촉진요소

변화 2를 위한 다섯 가지의 촉진요소는, 이 단계의 영적 성장의 특성이 정기적인 영적 훈련의 메뉴인 예수 그리스도와 친밀함으로 나아가는 인격적 관계라는 사실을 확인해 준다표 3-9. 나의 하나님에 대한 믿음은 세 가지 영적 훈련이 뒤따르는 최고의 촉진요소다. 이 변화 단계에서 가장 확실한 촉진요소가 나의 하나님으로 믿는 것이다. 하지만 이것은 바닐라와 같은 영향력의 수준에는 미치지 못한다. 왜냐하면 그 다음 요소인 인도하심을 구하는 기도와 말씀 묵상이 거의 비슷한 수준으로 뒤따르고 있기 때문이다. 주님과 나만의 시간독거을 갖는 영적 훈련도 중요하지만 위에서 언급한 세 가지의 촉진요소들만큼 중요하지는 않다.

복음 전도는 다섯 번째로 나타나는 촉진요소로 우리가 변화 3에서 살펴볼 내

이 중간 단계의 영적 성장의 특성은 정기적인 영적 훈련의 메뉴인 예수 그리스도와 친밀함으로 나아가는 인격적 관계이다.

변화 2:
그리스도 안에서 성장함에서 그리스도와 친밀함으로

변화 2에 영향을 주는 상위 다섯 가지 촉진요소
1. 나의 하나님 (영적 믿음/태도)
2. 인도하심을 구하는 기도 (영적 훈련)
3. 말씀 묵상 (영적 훈련)
4. 주님과 나만의 시간(독거) (영적 훈련)
5. 복음 전도 (다른 사람들과의 영적 활동)

* 중요한 순서대로 나열했다. 분석에 사용한 통계적 접근의 더욱 상세한 설명을 알고 싶으면 부록 2, "연구의 조사 방식과 방법론"(144쪽)을 참조하라.

표 3-9: 평가한 50개 이상의 요소들 중 상위 다섯 가지 영적 촉진요소를 변화 2에서 중요한 순서대로 나열해 놓았다. 이 다섯 가지 요소들은 '그리스도 안에서 성장함'에서 '그리스도와 친밀함'으로 성장해 갈 때 예측 가능한 가장 확실한 촉진요소의 조합을 대표한다.

용이다. 사람들이 개인 영적 훈련에 더 많이 투자하고 '나는 하나님을 알고, 사랑하고, 섬기기 위해 존재한다'라고 영적 믿음과 태도에 대해 더 강력하게 동의한다면, 복음 전도와 가난한 사람들을 섬기는 것과 같은 더 높은 수준의 영적 행동으로 자신의 성숙한 신앙을 나타낼 것이라는 가정은 논리적이다. 그러므로 이 변화 단계의 특징이 높은 수준의 영적 믿음과 개인 영적 훈련으로 이루어져 있기 때문에, 변화 2를 위한 상위 다섯 가지 촉진요소의 목록에 복음 전도가 자리하는 것이 놀라운 일이 아니다.

변화 1에서는 이 다섯 가지 요소들이 어떤 확실한 결과를 도출하기 위한 조건이라고 생각하면 된다. 변화 2에서 이 다섯 가지 요소들은 영적 성숙을 가장 잘 예측할 수 있는 요소이기 때문에 영적 성장의 중간 단계는 가장 큰 효과를 보기 위해 추구해야 하는 목표이기도 하다.

이 변화 과정에 있는 사람들은 자주 드리는 기도, 말씀 묵상, 그리고 다른 영적 훈련으로 영양분을 공급을 받으며 하나님과 더욱 친밀한 관계로 성장한다. 영적 훈련이 사람들의 성장을 구체화하고 기초적인 요소로 중대하게 느껴지기 때문에, 그들은 성경 공부, 영적 주제를 다루는 수업과 수련회를 환영할 것이다. 변화 2에서 영적 훈련을 매일의 일상적인 리듬으로 자리 잡게 만드는 것의 중요성은 아무리 강조해도 지나치지 않다. 그것은 영적 성장에 끼치는 영향 때문만이 아니라, 우리가 변화 3에서 보게 될 신앙을 기반으로 이루어지는 흘러 넘치는 활동의 장을 마련해 주기 때문이다.

> 영적 훈련을 매일의 일상적인 리듬으로 자리 잡게 만드는 것의 중요성은 아무리 강조해도 지나치지 않다.

변화 3: 경지에 도달

모든 새로운 기술의 학습곡선에는 기초와 훈련이 만나 드디어 결과를 얻어내는 스윗 스팟이 있다. 우리는 이것을 '경지에 도달했다'라고 한다. 시카고 불스 Chicago Bulls의 전설인 마이클 조던 Michael Jordan이 아주 좋은 예다. 조던이 경지에 도달했을 때, 아무리 반대편이 그를 막으려고 노력을 해도 그는 자신의 슛을 놓친 적이 거의 없다. 어떤 챔피언 결승전에서 그는 전반전에서 여섯 개의 3점 슛을 모두 성공시키고, 마지막에 관중들에게 양 손바닥을 보이며 어깨를 으쓱거리는 유명한 몸짓으로 마무리했다. 심지어는 그도 자신이 이룬 성취에 어리둥절한 듯했다.

그리스도 중심 단계에 있는 사람들은 하나님 나라를 향한 '경지에 도달' 한 것이다. 그들은 기독교적 믿음을 받아들여서 자기 것으로 내면화했고, 개인적인 영적 훈련은 매일 이를 닦는 것같은 일상적인 일이 되었다. 그리스도 중심의 행동이 그들에게서 넘쳐 나오는 이유는 그들의 열정적인 믿음 때문이다.

변화 3에서 중요한 촉진요소는 자신의 믿음에 크게 영향 받는 그리스도의 제자들의 모습을 보여 준다표 3-10. 그들의 가장 중요한 영적 태도는 '나의 삶을

변화 3을 위한 가장 영향력이 큰 촉진요소들

그리스도와 친밀함에서 그리스도 중심으로 성장하기	
영적 믿음과 태도	나의 삶을 드림 그리스도를 첫 자리에 모심 그리스도 안의 정체성 성경의 권위 청지기직
교회 활동	교회를 통해 도움이 필요한 이들을 섬기기 추가적인 교육/예배 교회를 섬김
개인적인 영적 훈련	말씀 묵상 - '자주'에서 '매일' 주님과 나만의 시간(독거) - '가끔'에서 '매일' 성경 읽기 - '자주'에서 '매일' 인도하심을 구하는 기도와 죄를 고백하는 기도 - 매일 십일조
다른 사람들과 함께하는 영적 활동	복음 전도 영적 멘토 자신만의 방법으로 도움이 필요한 이들을 섬기기

표 3-10: 변화 3을 위한 영적 촉진요소의 네 가지 영역에서 가장 중요한 요소들.

그리스도 중심 단계에 있는 사람들은 하나님 나라를 향한 '경지에 도달' 한 것이다.

드림' 인데, 이것은 그들이 '나는 예수 그리스도를 위해 내 삶의 중요한 모든 것들을 기꺼이 드리기를 원한다' 라는 진술에 매우 강하게 동의한다는 의미이다. 도움이 필요한 이들을 섬기는 것은 중요한 교회 활동 목록의 선두에 있고 추가적으로 교육 봉사와 교회에서 섬기는 것도 있다. 그들 개인의 영적 훈련은 자주 또는 가끔보다는 일상적으로 경험하는 활동들로 완전히 바뀐다. 그리고 다른 사람들과 맺는 영적 관계는 늘어나는 복음 전도, 멘토링 관계, 그리고 도움이 필요한 사람들을 섬기는 것을 통해 확장된다.

변화 3에 있는 사람들은 개인의 책임감이 강한 것이 특징이다. 대학에서 대학생들은 자립을 하고, 부모의 감독 없이 도덕적인 선택을 하며, 자신의 인생 방향에 큰 영향을 미칠 교과 과정과 관계들에 대해 독립적인 결정을 하는 것과 같다.

변화 3에 있는 신자들의 삶에서는, 하나님의 부르심을 따르기 위한 열정적인 헌신과 영적 책임감이 두드러진다. 그들의 영적 동기부여와 영적 인도는 외부 영향에 의존하지 않는다. 자신의 그리스도 중심의 헌신을 추구하기 위해 필요한 도덕적, 윤리적 선택을 타협 없이 하며, 다른 대안들에 대해서는 거부한다. 그들은 예수 그리스도를 향한 그들의 열정을 복음 전도를 통해 실천하고, 가난한 사람들을 섬기고 다른 사람들을 격려한다. 이런 모든 행동들은 곧 자신의 정체성인 그리스도를 향한 사랑으로부터 우러나오는 것이다. 이런 이유 때문에 우리는 이 변화단계에서 성장하고 있는 사람들을 가리켜 '영적으로 경지에 도달했다'고 표현한다. 그들의 영적 활동과 '실행'은 자연스럽게 흘러나와 세상에 강력한 영향을 끼치지만, 정작 그들 자신은 잘 모를 수도 있다.

빠른 영적 성장은 영적 성숙함의 표시다

직관에 반대되는 것처럼 보일 수도 있겠지만, 영적 성장이 가장 빠르게 이루어지는 때가 변화 3단계이다. 우리는 기도와 성경 말씀의 능력을 처음으로 접하게 되는 영적 여정의 초기에 급격한 성장을 이룬다는 사람들의 보고를 기대할지도 모른다. 하지만, 변화 3의 성장이 가장 열매를 많이 맺고 변화의 가속도가 붙는 것으로 나타난다 표 3-11. 그리스도 중심의 사람들은 다른 단계에 있는 사람들보다 영적 성장의 빠른 속도에 대해 보고할 확률이 높고, 그리스도와 친밀함에서 그리스도 중심의 단계로 가는 경사_{변화}는 가파르다. 이 사실은 중요한 의미를 담고 있다.

변화 3에서 경험하는 빠른 성장은 또 다시 대학생의 경험을 비유로 설명할 수 있다. 대학교에서 사람들은 기본적인 고등학교 교육 과정을 넘어서 더 높은 수준의 비판적인 사고와 매우 다양한 학구적이고 개인적인 도전으로 나아간다. 그들은 자신이 선택한 연구 분야에 집중을 한다. 이와 같이, 그리스도 중심의 사람들도 더욱 높은 수준의 성장과 더욱 다양한 영적 경험을 추구하고, 또한 자신의 믿음에 레이저 같은 집중력을 보여 준다. 이러한 특성들은 결과적으로 영적 성숙을 가져오는 환경을 창조한다.

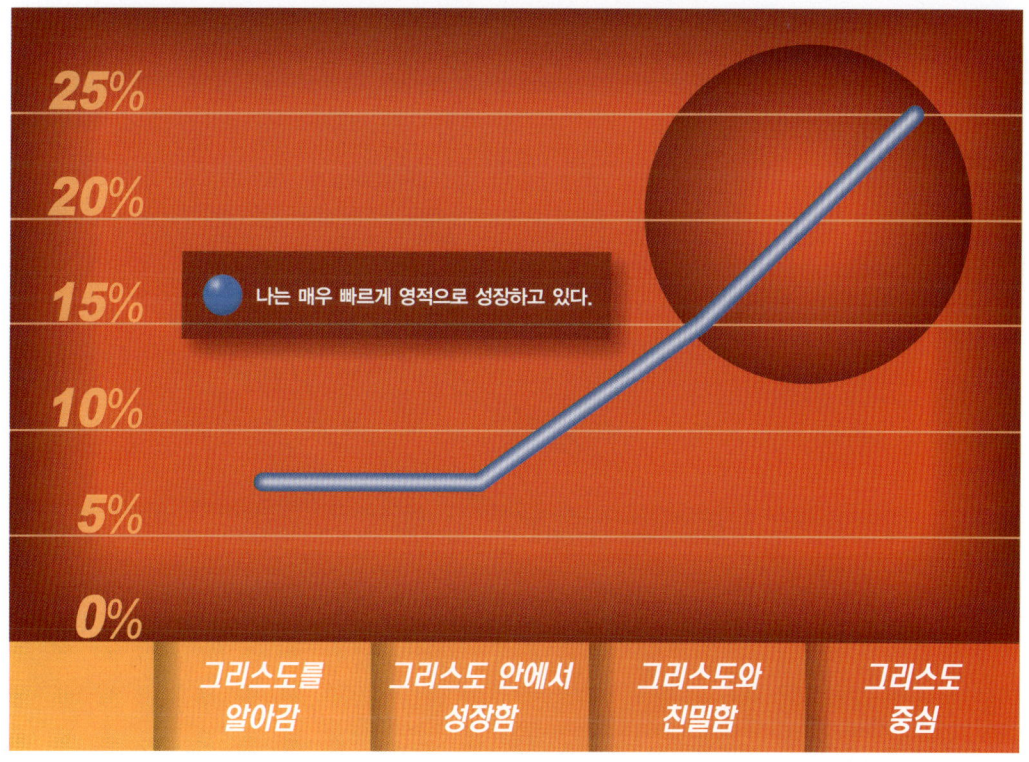

표 3-11: 그리스도 중심 단계는 다른 단계들보다 '나는 매우 빠르게 영적으로 성장하고 있다'라고 말할 확률이 훨씬 높다.

변화 3은 영적 관대함의 시기다

변화 3은 사람들이 자신의 삶을 향한 그리스도의 부르심 앞에 자신의 마음을 온전히 열어놓는 시간이다. 이것은 영적 태도를 보여 주는 네 가지 진술문에 '매우 강하게 동의' 하는 대답들이 단계적으로 증가하는 것을 통해서 알 수 있다 표 3-12.

'나의 삶을 드림' 은 그리스도와 친밀함에서 그리스도 중심으로 성장하는 사람들이 가장 빠르게 변화하는 모습을 나타내는 태도다. 이것은 변화 3에서 '나

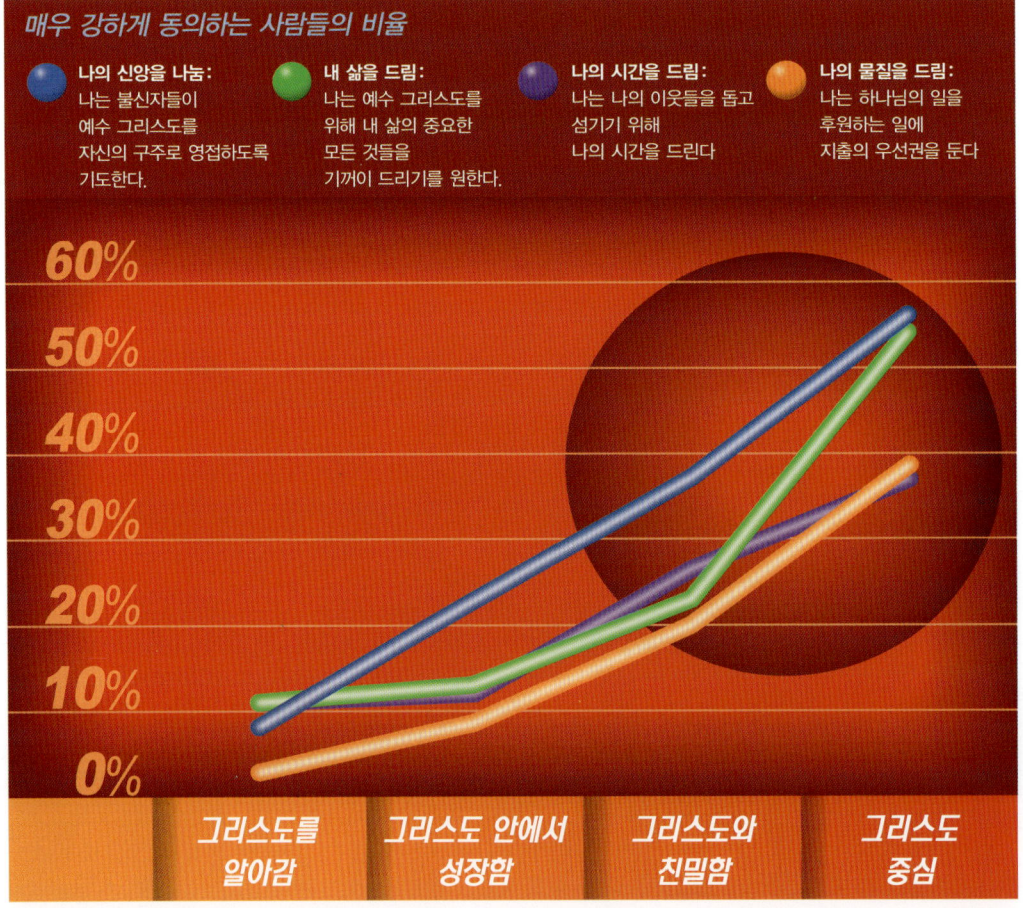

나의 시간, 돈, 믿음, 인생을 드리겠다는 태도가
영적 성장의 성숙한 단계에서 급격히 증가한다

표 3-12: 하나님께 자신의 인생에 가장 중요한 영역들을 드리는 것을 표현하는 영적 태도 진술문에 대해 '매우 강하게 동의' 하는 사람들의 비율은 그리스도와 친밀함에서 그리스도 중심 사이에서 현저하게 증가한다. 이것은 영적인 마음이 자기중심의 정체성에서 그리스도 중심의 정체성으로 변화된 것을 보여 준다.

는 예수 그리스도를 위해 내 삶의 중요한 모든 것들을 기꺼이 드리기를 원한다'에 '매우 강하게 동의하는' 사람들의 숫자가 증가한다는 의미다.

재물에서 시간, 자신의 삶까지, '중요한 모든 것'을 그리스도께 기꺼이 넘겨드릴 마음이 강해지는 것은 공허한 약속을 떠벌리는 것이 아니다. 영적 행동 패턴은 사람들이 자신의 마음과 행동을 한 방향으로 정렬할 때 나타나는 반응이다. 변화 3의 특징을 이루는 급격한 영적 성장과 내어드림의 태도의 증가는 영적 활동이 늘어남에 따라 비례하는 것으로 보인다 표 3-13.

> **영적 행동 패턴은 사람들이 자신의 마음에 행동을 한 방향으로 정렬할 때 나타나는 반응이다.**

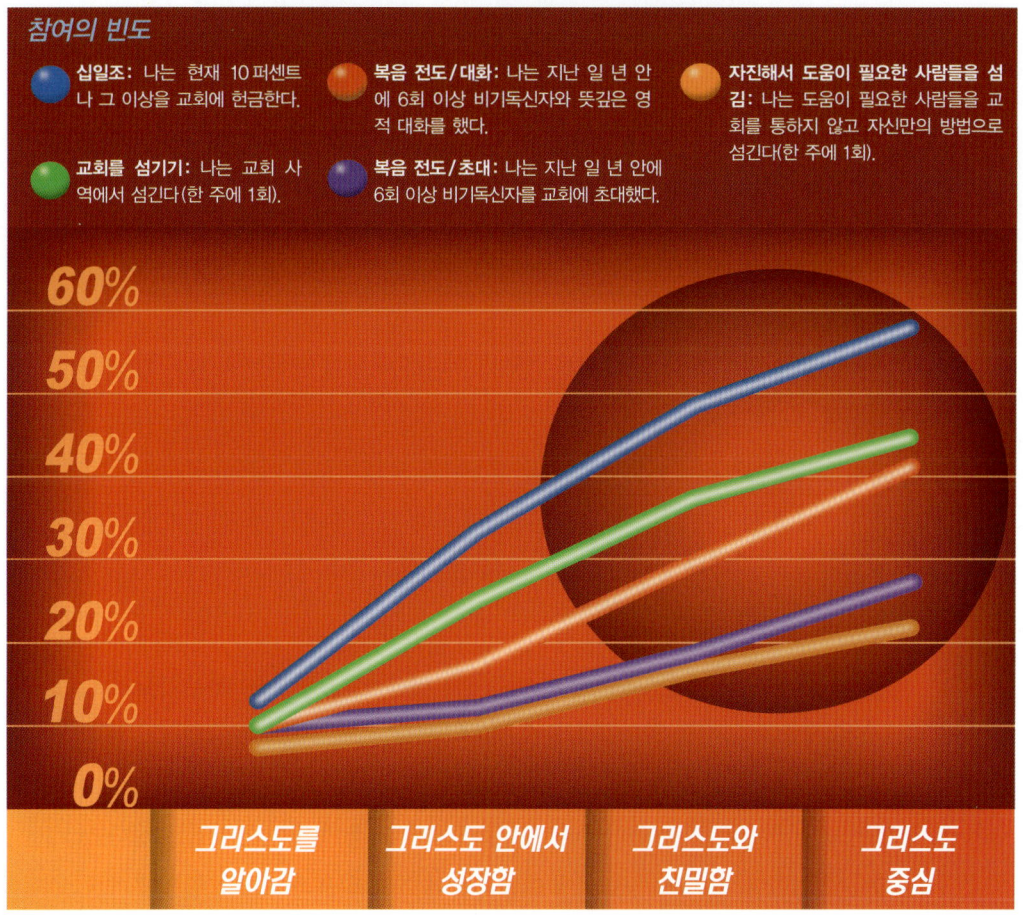

표 3-13: 십일조, 섬김, 복음 전도의 빈도는 그리스도와 친밀함과 그리스도 중심의 단계(동그라미 부분)에서 가장 높은 수준으로 증가하며, 이것은 영적 성숙 정도에 따라 영적 행동이 흘러나오는 것을 의미한다.

**변화 3의
영적 성장은
내면적으로
강화된다.**

우리는 섬김이나 복음을 전하는 활동들의 계기가 단순히 믿음이 증가했기 때문이 아니라, 그런 활동 자체가 영적 성장을 촉진시킨다고 생각한다. 다시 한 번 대학 경험을 비유로 사용하자면, 이러한 활동들은 학생들이 자신의 학구적인 지식과 훈련을 실제 상황에서 적용할 수 있는 기회인 인턴십과 유사하다. 그들의 학문적인 재능을 활동적인 배움의 환경에서 실제 업무에 사용함으로 그들 자신이 선택한 분야에 대한 지식이 성장하고 흥분을 경험하게 된다.

섬김과 복음 전도는 그리스도 중심의 사람들에게 이와 같은 활동적인 배움의 경험과 같다. 우리는 이런 경험들이 그저 헌신적인 믿음에 의해 생긴 결과물이 아니라, 그 자체로 영적 성장을 촉진하는 사건이라고 생각한다. 이 신념은 급속한 성장, 내어드림의 태도, 그리고 영적 활동의 증가 등 높은 수준의 상호작용에 근거한다. 변화 3에서 선교 활동이 영적 성장을 이끌어 내지만 그 반대의 경우도 가능하다. 각각의 요소가 서로 영감을 주고 다른 요소를 활성화시키기도 한다.

변화 3의 상위 다섯 가지 영적 촉진요소

변화 3의 영적 성장은 내면을 강화시킨다. 우리가 이렇게 말하는 이유는 상위 네 가지의 촉진요소가 믿음과 태도, 즉 지성과 마음의 확신이기 때문이다. 이러한 촉진요소들은 믿음에 기초한 순종과 행동이 흘러 넘치도록 이끈다 표 3-14.

복음 전도나 섬김과 같은 영적 활동이 5위 안에 들지 못하는 것이, 우리가 이미 언급한 바와 같이 영적 활동 자체가 성장을 이끌어 내는 힘을 가졌다는 사실과 충돌하는가?

아니다. 우리가 촉진요소의 상위 다섯 가지 리스트를 열 개로 늘렸다면, 그 활동들은 우리가 여기에 열거한 믿음과 태도들의 바로 뒤에 있었을 것이다. 〈표 3-14〉는, 우리 연구의 중심인 결론을 보강해 준다. 즉 영적 성장이란 활동을 늘리는 것을 의미하는 것이 아니라, 그리스도와의 더욱 친밀한 관계를 형성하는 것을 의미한다. 목록의 가장 위에 언급되는 네 가지 믿음과 태도는 활동이 아니라 그리스도와의 관계가 중요하다는 것을 강조한다.

변화 3:
그리스도와 친밀함에서 그리스도 중심으로

변화 3에서 영향을 주는 상위 다섯 가지 촉진요소

1. **나의 삶을 드림** (영적 믿음/태도)

2. **그리스도를 첫 자리에 모심** (영적 믿음/태도)

3. **그리스도 안의 정체성** (영적 믿음/태도)

4. **성경의 권위** (영적 믿음/태도)

5. **말씀 묵상** (영적 훈련)

* 중요한 순서대로 나열했다. 분석에 사용한 통계적 접근의 더욱 상세한 설명을 알고 싶으면 부록 2, "연구의 조사 방식과 방법론"(144쪽)을 참조하라.

표 3-14: 평가한 50개 이상의 요소들 중 상위 다섯 가지 영적 촉진요소를 변화 3에서 중요한 순서대로 나열했다. 이 다섯 가지 요소들은 '그리스도와 친밀함'에서 '그리스도 중심'으로 성장해 갈 때 예측 가능한 가장 확실한 촉진요소의 조합을 대표한다.

첫 번째 태도의 진술문, '나의 삶을 드림'은 바닐라 요소다. 이 요소의 실행 가능성은 나머지 네 가지 요소들의 실행 가능성의 두 배다. "나는 예수 그리스도를 위해 내 삶의 중요한 모든 것들을 기꺼이 드리기를 원한다"라는 진술문에 동의하는 것은 그리스도 중심의 마음을 가지고 있는지를 확인하는 가장 강력한 지표가 된다는 뜻이다.

'그리스도를 첫 자리에 모심'의 태도 "나는 예수님을 나의 인생의 첫 번째 자리에 모시기를 바란다"는 강력한 두 번째 영향력이며 확실한 차이를 두고 나머지 셋보다 높은 순서에 올랐다.

만약 이러한 강력한 영적 태도와 증가된 영적 활동들 복음 전도, 섬김과의 관계에 대한 우리의 관찰이 맞는다면, 이것은 매우 반가운 소식이며 교회에게 엄청난 기회가 있다는 것을 의미한다. 왜 그런가?

영적 성장이란 활동을 늘리는 것을 의미하는 것이 아니라, 그리스도와의 더욱 친밀한 관계를 형성하는 것을 의미한다.

다시 마이클 조던의 예로 돌아가자. 시카고 불스 팀의 매우 중요한 경기를 치르고 있고 마이클은 실력에 있어서 절정에 이른 가운데 자유자재로 점수를 득점하며 거의 완벽에 가까운 수비를 했다. 이 때 그 팀은 어떤 전략으로 가야 할지를 이미 알고 있다.

바로 마이클에게 공을 넘기는 것이다.

본질적으로 이 전략은 교회가 따라야 할 변화 3의 전략과 일치한다. 영적으로 이미 불이 붙은 사람들은 교회로부터 자신을 성장시키기 위해서 아주 작은 도움만 받으면 된다. 아주 작은 도움이란 새로운 성경공부 프로그램이나 예배와 같은 것을 말한다. 그들에게 필요한 것은 교회가 그들에게 '공'을 넘겨주는 것이다.

변화 3에 해당되는 사람들에게는 마음과 영적 행동이 한 방향으로 정렬되도록 돕는 높은 수준의 격려와 코칭이 필요하다. 그들의 섬김의 영역이 확장되어 전형적인 목회의 메뉴를 뛰어넘는 섬김과 복음 전도의 경험을 할 수 있도록 기회를 주어야 한다. **주님의 지상명령을 수행할 수 있도록 교회는 그들과 손을 잡아 거룩한 협정을 맺어야 한다.** 마이클 조던 이야기의 논리를 빌리면 그리스도 중심의 사람들은 하나님의 나라를 위해 공을 잡고 있는 사람들이다. 잃어버린 자들과 도움이 필요한 자들을 섬길 수 있는 기회와 함께 이들에게 용기를 불어넣고 코칭하며 격려하고 무장시키는 일을 우리의 최고 우선순위로 삼아야 한다.

변화 3에 관한 연구의 초기 단계에 참여했었던 한 교회의 목사는 이 내용에 대해 들은 후 자신의 소견을 말했는데 핵심을 찌르는 말이었다. "나는 보통 내 시간과 자원의 80퍼센트를 성장의 초기단계에 속한 사람들에게 사용한다. 만약 당신의 말대로 그 80퍼센트의 일부분을 그리스도 중심의 사람들에게 사용했더라면, 그들은 나와 함께 믿음의 여정을 처음 시작하는 사람들이 영적으로 성장하도록 돕는 동료들이 되었을 것이다." 정확히 짚었다.

그리스도 중심의 사람들이 공을 잡고 있다. 이것은 2004년에 시행되었던 윌로크릭교회만을 대상으로 했던 초기 연구에 의해 나타난 가장 큰 발견이었다. 또한 2007년 연구 대상을 일곱 교회로 확장한 후에도 나타난 가장 큰 발견이었다. 현재 우리는 200여 교회들을 설문조사 했는데 발견한 주요 내용은 여전하다. 그리스도 중심의 사람들이야말로 교회와 하나님 나라를 위해 가장 큰 영향력을 발휘하고, 기회를 제공하는 사람들이다.

영적 성장 – 단순하게 만들 수 없는가?

영적 성장은 직선적이거나 예측이 가능한 것이 아니다표 3-15. 이것은 각 사람이 독특한 것처럼 복잡한 과정이다. 진도는 각자 개개인의 환경과 성령님의 활동에 따라 결정된다. 이 소견은 진실인 반면 영적 성장이 상당히 복잡하다는 느낌을 갖게 만든다. 영적 성장이란 이해하기 어렵고, 필요한 자원을 공급하거나 지원하기에 까다롭고, 측정하기는 불가능하다고 생각하는 것처럼 말이다. 하지만 우리의 최근 연구에 의하면 영적 성장은 복잡한 반면 일반적인 진행 과정에 단순한 면이 있다는 것을 발견했다. 이러한 발견은 우리로 하여금 적절한 자원

이것은 각 사람이 독특한 것처럼 복잡한 과정이다.

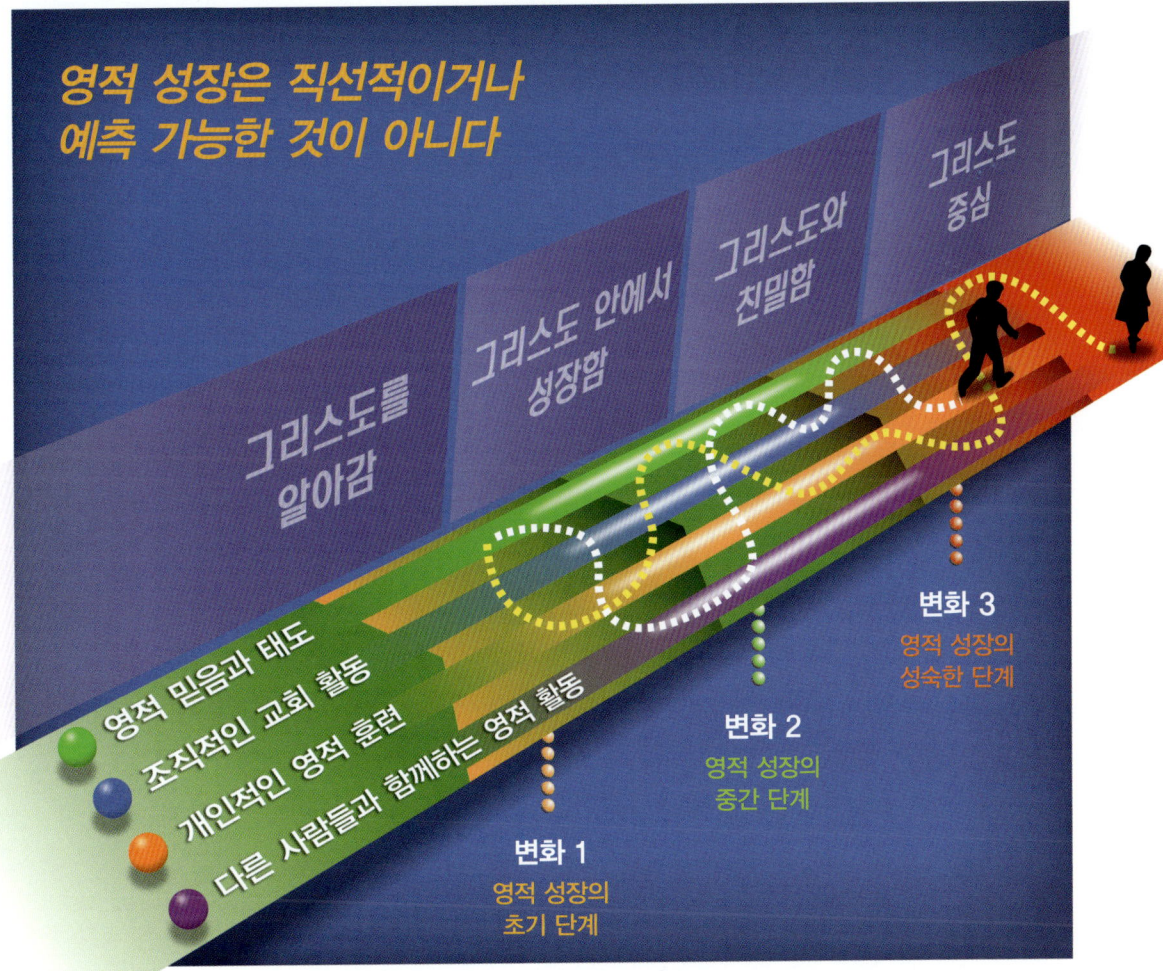

표 3-15: 사람들은 개인에 따라 독특한 영적 성장 진로를 따른다.

을 보다 잘 공급하며, 보다 효과적으로 격려할 수 있다는 기대를 갖게 했다.

우리의 발견은 사람들이 영적 성장 단계들 중 어디에 속해 있는지와 상관없이 모두 영적 촉진요소의 네 가지 영역에 의해 영향 받는다는 것을 보여 준다. 영적 믿음과 태도, 교회 활동들, 개인적인 영적 훈련, 그리고 다른 사람들과의 영적 활동. 우리의 발견은 또한 이러한 영적 촉진요소들이 보편적이고 점진적으로 발전하는 성향을 띠고 있으며 세 가지 영적 변화 과정과 연관이 있다는 것을 보여 준다.

변화 1
변화 1은 영적 성장의 초기 과정이며 대부분 기독교의 기초를 세우는 것에 관한 것이다. 영적 믿음과 태도의 강한 기초를 세우는 것이 특별히 중요하다. 이 과정에서는 교회 활동들이 영적 성장에 있어 가장 큰 영향을 끼친다.

변화 2
변화 2는 영적 성장의 중간 과정이다. 그리스도와의 친밀함으로 성장하도록 돕는 개인적인 영적 훈련들을 형성하는 것이 큰 영향력을 갖는다.

변화 3
변화 3은 영적 성장의 성숙된 과정이며 마음을 주님께 온전히 드리며 봉사활동을 통해 예수님을 향한 사랑을 표현하는, 절정에 오른 그리스도 중심의 제자들로 구성된다.

영적 경험의 복잡함과 감정적인 정황들이 다름에도 불구하고, 이 장에서 배워야 할 가장 중요한 것은 영적 성장을 덜 복잡하게 보는 것이 가능하다는 것이다. 왜냐하면 사람들의 영적 진로는 서로 다르지만, 우리가 영적 경험을 묘사하는 수천 개의 연구를 모아 정리해 본 결과 개인의 결과를 초월하는 일반적인 패턴이 나타나기 때문이다. 영적 성장의 과정이 각 사람마다 독특하고 영성에 관해 설명하지 못하는 많은 부분이 있긴 하지만, 세 단계의 영적 변화에 대한 간단한 설명은 우리가 내리는 결정들이 우리가 섬기는 사람들의 삶에 큰 변화를 일으킬 것이라는 확신과 함께 우리가 행동에 옮길 수 있도록 만든다.

> 영적 성장을 덜 복잡하게 보는 것이 가능하다.

캘리 파킨슨 | 빠져 있는 변화

2장에서 우리는 영적 교향곡의 예를 들어 세 가지 영적 변화를 소개했다 47-48쪽. 하지만 대부분의 교향곡은 3개가 아닌 4개의 악장이 있다. 이와 같이 신앙 성장 과정에도 사실은 4번째의 변화가 있다. 우리는 이것을 '빠져 있는 변화'라고 부른다 표 3-16.

이 빠져 있는 변화는 변화 1 앞에 있다. 우리의 연구가 교회를 다니는 사람들에게 집중했기 때문에 교회에 다니지 않는 사람들에 대한 자료는 적다. 우리가 '하나님과 멀리 떨어짐'이라고 표현하는 사람들이다. 그래서 우리는 하나님과 멀리 떨어짐에서 그리스도를 알아감으로 변화하는 과정에 대해서는 논리적인 추측 이상의 정보를 가지고 있지 않다.

우리가 하나님과 멀리 떨어짐의 단계에 대해 앞

The five most critical catalysts
매우 중요한 다섯 가지 촉진요소

으로 연구할 계획이 있지만, 그들이 믿음을 가지는 데 가장 큰 장애물이 무엇인지에 대해서는 우리가

표 3-16: 신앙 성장 과정에 하나님과 멀리 떨어진 사람들을 포함했을 때 빠져 있는 변화가 나타난다.

빠져 있는 변화

제기한 가설이 있다 표 3-17, 80쪽. 그리스도를 알아감 단계를 연구할 때 관찰한 바에 따르면, 하나님과 멀리 떨어진 사람들에게 영적 성장을 불러일으킬 믿을 만한 매우 중요한 다섯 가지 촉진요소들을 발견했다.

우리는 이 그룹의 가장 큰 영적 장애물은 삼위일체에 대한 믿음 "나는 성경의 하나님이 한분의 진실된 하나님-아버지, 아들, 그리고 성령-이심을 믿는다" 이라는 가설을 세웠다. 이 장애물은 영적 친구들의 영향, 기도가 응답되는 경험, 주말 예배에서 말씀을 듣는 것과 성경 말씀에 노출되는 것을 통해 극복될 수 있다는 증거가 있다.

이 빠져 있는 변화는 교회가 그리스도 중심의 사람들과 힘을 합하여 가장 귀를 기울이지 않을 사람들에게 믿음의 메시지를 전하는 '스윗 스팟' sweet spot 이다. ◆

빠져 있는 변화:
하나님과 멀리 떨어짐에서 그리스도를 알아감까지

하나님과 멀리 떨어짐에서 그리스도를 알아감으로의 변화	
영적 믿음과 태도	삼위일체
교회 활동	주말 예배
개인적인 영적 훈련	인도하심을 구하는 기도('드문'에서 '가끔') 말씀 묵상(한번도 없는 것에서 '드문')
다른 사람들과 함께하는 영적 활동	영적 우정

표 3-17: '그리스도를 알아감' 단계에서 우리가 발견한 것을 따르면, 이 다섯 가지 영적 촉진요소들은 하나님과 멀리 떨어짐에 있는 사람들이 기독교를 고려하도록 격려해 줄 만한 가장 중요한 요소들일 수 있다.

캘리 파킨슨 CALLY PARKINSON

FOLLOW ME

④
영적 성장의
장애물

영적 여정을 가로막는 두 가지 장애물

barriers 장애물

영적 여정에 좌절이 없는 것은 아니다. 교회에 다니는 많은 사람들이 하나님과의 관계나 교회에서 탈선했다고 말한다. 어떻게 이런 일이 일어나는가? 영적 성장의 길을 가로막는 장애물은 무엇인가? 우리는 그것을 어떻게 해야 하는가?

④ 영적 성장의 장애물

1947년 10월, 척 이거 Chuck Yeager 는 고도 4만 5천 피트에서 시속 770 마일 이상으로 날아 처음으로 음속을 돌파한 사람이 되었다. 이러한 쾌거는 비행기가 음속의 속도로 진입했을 때 비행기가 오작동을 하거나 심지어 추락하게 만드는 공기 역학의 문제들을 해결한 항공기 디자인의 개선에 의해 가능했다. 최신 항공기는 이러한 장애들을 최소화하면서 음속 장벽을 지나간다. 그러나 오늘날에도 음속비행을 즐기려면 올바른 장비와 함께 훈련이 잘된 비행사가 준비되었을 때 가능한 일이다.

영적 성장도 음속 장벽과 같은 장애물을 직면한다. 사실 우리는 연구를 통해 영적 여정에서 파괴적인 충격과 심각한 난기류를 야기시키는 두 가지 중요한 장애물을 발견했다. 우리가 조사한 거의 모든 사람들이 영적 성장의 어떤 시점에서 이런 장애물에 부딪쳤던 경험을 고백했다. 음속 비행을 하는 비행기가 장벽을 성공적으로 깨는 것과 같이, 이러한 장애물들을 얼마나 성공적으로 통과하느냐 하는 것은 사람들이 얼마나 영적으로 잘 무장되고, 코치를 받고, 훈련되었느냐에 달려 있다.

첫 번째 장애물은 그리스도를 따르는 자들에게 그리 익숙하지 않은 경험을 내포하고 있는데 그것은 정체의 장애물이다.

> 우리는 연구를 통해 영적 여정에서 파괴적인 충격과 심각한 난기류를 야기시키는 두 가지 중요한 장애물을 발견했다.

장애물

장애물 1:
'나는 영적 정체에 빠졌다'

"그만두고 싶어!"

이 말은 아이를 키우는 부모들에게는 매우 익숙한 단어일 것이다. 너무 힘든 숙제를 하거나, 너무 요구가 많은 코치를 만나면 우리 아이들은 포기하고 싶을 때가 있다. 열두 살짜리 내 딸은 피아노 레슨에 대한 좌절감에 울화가 터진 적이 있었다. 특별히 힘들었던 레슨 후에 내 딸은 "나 그만둘 거야!"라고 선언했다.

이때 부모들은 어떻게 하는가? 지금까지 그녀는 피아노 연주하는 것을 즐겼는데, 어느 순간 그것이 근심의 원인이 되었고 선생님과의 불화를 일으켰다. 내 딸은 피아노에 화났고 선생님한테 화났지만, 그보다 자기 자신에게 가장 화나고 실망을 했다. 그 결과, 그녀는 정체에 빠졌고 빠져나갈 방법을 찾는 것보다 포기하는 것이 더 쉬워 보였다.

정체에 빠졌다는 것은 곤경에 빠지고, 궁지에 몰렸으며, 훼방을 받거나 속도가 늦춰졌다는 뜻이다. 우리 모두 이런 느낌이 얼마나 답답한 것인지 잘 안다. 최근에 자동차의 시동을 걸려고 키를 꽂고 돌렸는데 엔진 시동은 걸리지 않고 점화 장치의 덜덜거리는 소리만 들었던 경우를 떠올려 보라. 당신은 교착상태에 빠졌고 가려고 했던 곳에 가지 못해 아마 화가 났을 것이다.

영적 정체에 빠진 사람들도 비슷한 좌절감을 느낀다. 영적인 성장 과정이 중단됨으로 그들은 궁지에 빠졌고, 이제 그들은 다시 바른 길로 돌아오기 위해 예상치 않았던 불쾌한 결정을 내려야만 한다. 시동이 걸리지 않으면 목적지에 도달하기 위해서 결국은 무엇인가를 해야 하는 자동차와 달리, 불행하게도 영적 정체에 빠진 사람들은 그리스도를 향한 여정에 다시 참여하기 위해 필요한 힘든 결정들을 해야 하는데, 아예 한꺼번에 포기할 수도 있다. 좌절감이 높을수록, 그들이 포기할 확률도 높아진다.

조사에 참여한 사람들 200개 이상의 교회에서 8만 명의 사람들의 5명 중 1명 이상 22%은 현재 자신의 영적 성장이 '정체에 빠졌다'라고 표현했다. 그들 앞에는 자신의 영적 성장 상태를 표현하는 다른 세 가지 선택의 요소가 있었다. 그러나 '나는 영적으로 빠르게 성장하고 있다', '나는 적절한 영적 성장 상태에 있다',

영적 성장의 장애물

'나는 나의 영적 성장에 만족한다'가 아니라, '나는 영적 정체에 빠졌다'를 선택했다.

이렇게 정체에 빠진 사람들은 신앙 성장 과정의 모든 단계에 존재하지만 대부분은 영적 성장 과정의 초기 두 단계에 속한다 표 4-1.

> 영적 정체에 빠진 사람들은 아예 한꺼번에 포기할 수도 있다.

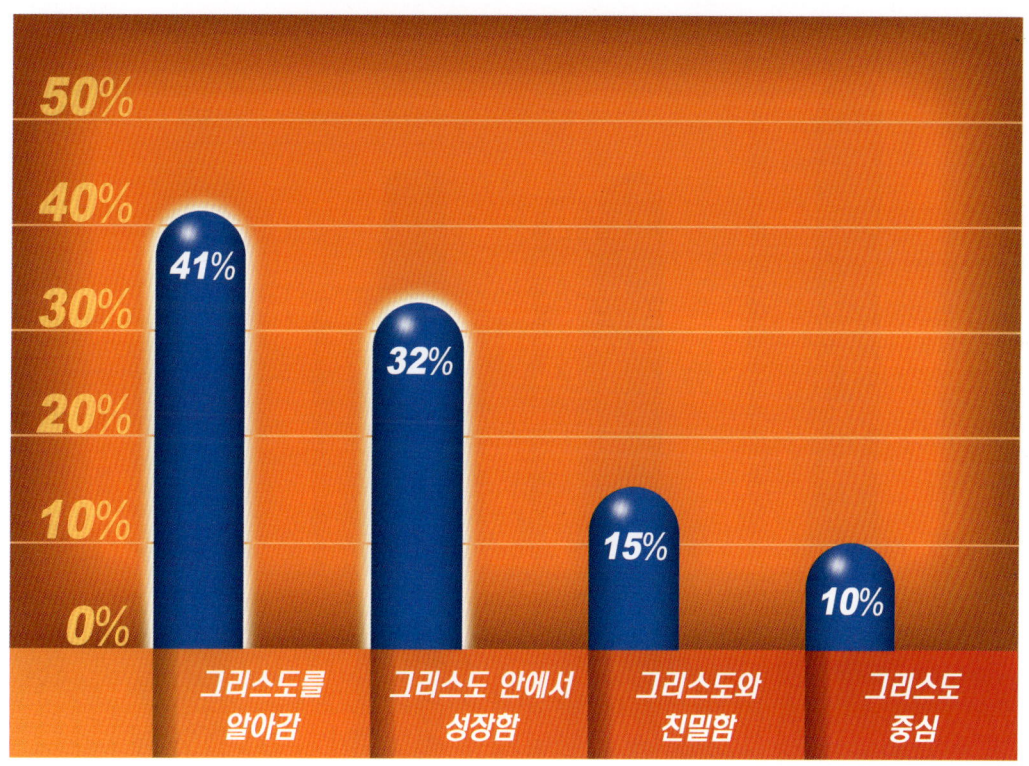

'나는 영적 정체에 빠졌다'라고 말하는 사람들의 대부분은 영적 성장 과정의 초기 단계에 속한다

표 4-1: '나는 영적 정체에 빠졌다'라고 말하는 사람들의 대부분은 '그리스도를 알아감'과 '그리스도 안에서 성장함' 단계 (하이라이트 된)의 범위에 속한다. 이것은 정체에 빠지는 것이 변화 1단계에서 일어날 확률이 훨씬 높다는 말이다.

이것은 사람들을 영적 정체에 빠지도록 만드는 장애물들이 주로 영적 여정의 초기 단계에서 발생한다는 것을 보여 준다. 이 장애물들은 기본적인 믿음과 태도에 관련되어 있는 것 같지는 않다. 삼위일체나 은혜로 얻는 구원과 같은 기독교 핵심 믿음은 정체에 빠진 사람들이나 그렇지 않은 사람들이나 비슷했다. 그러나 나의 하나님과 성경의 권위에 대한 믿음을 표현하는 수준은 더 낮았다

장애물들이 주로 영적 여정의 초기 단계에서 발생한다.

표 4-2

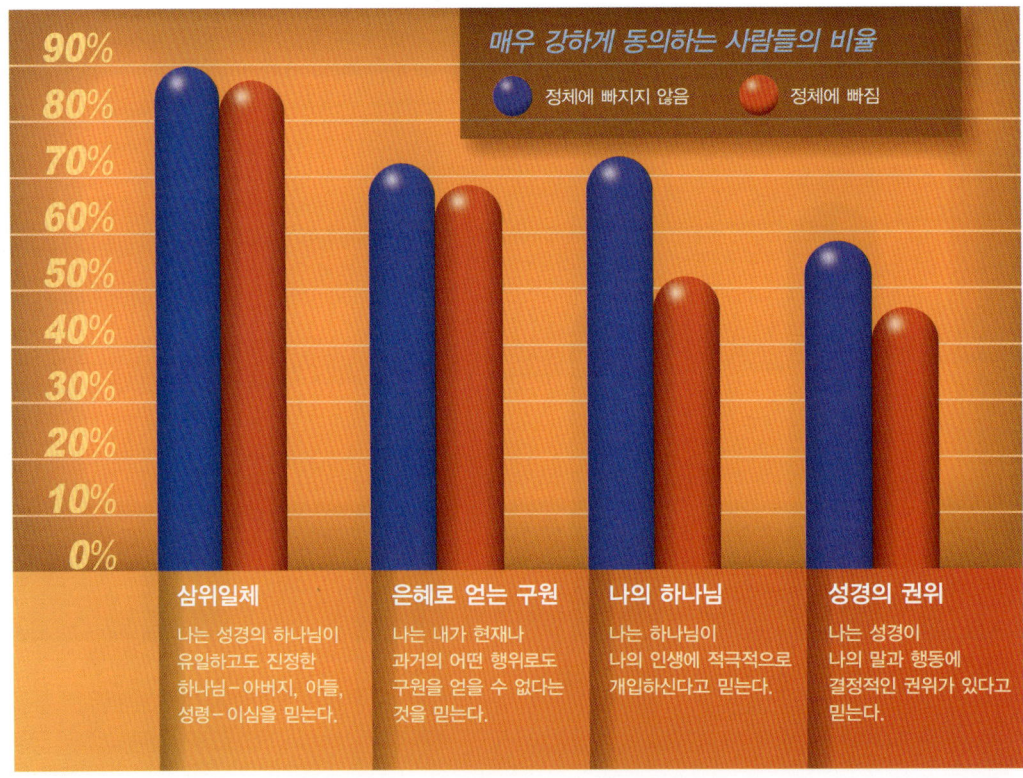

표 4-2: 네 가지 기독교 핵심 믿음에 대해 '매우 강하게 긍정'하는 반응을 보인 사람과 비교해 볼 때, 영적 정체에 빠진 사람들은 그렇지 않은 사람들과 삼위일체와 은혜로 얻는 구원에 대한 믿음에 대해서는 비율이 아주 유사했다. 나의 하나님과 성경의 권위의 믿음에 대한 그들의 낮은 반응은 정체에 빠졌기 때문이라기보다는 그리스도인으로서의 영적 성장의 단계가 낮기 때문에 생긴 것으로 보인다.

이러한 패턴은 믿음에 동의하지만 영적 정체에 빠진 사람들은 대체로 변화 1단계에 속해 있다는 사실을 보면 이해가 된다. 처음에 나오는 두 가지 믿음은 변화 1에서는 영향력이 크지만, 이어서 나오는 두 가지 믿음은 사람들이 변화 2와 3의 단계에서 성장하는 동안에 더 큰 영향력을 갖는 경향이 있다 표 2-4, 32쪽. 그러므로 정체에 빠진 그룹이 그렇지 않은 그룹과 같이 삼위일체와 은혜로 얻는 구원에 대해서는 강력하게 믿지만, 나의 하나님과 성경의 권위에 대해서는 그

> 영적 정체에 빠진 사람들은 대체로 변화 1단계에 속해 있다.

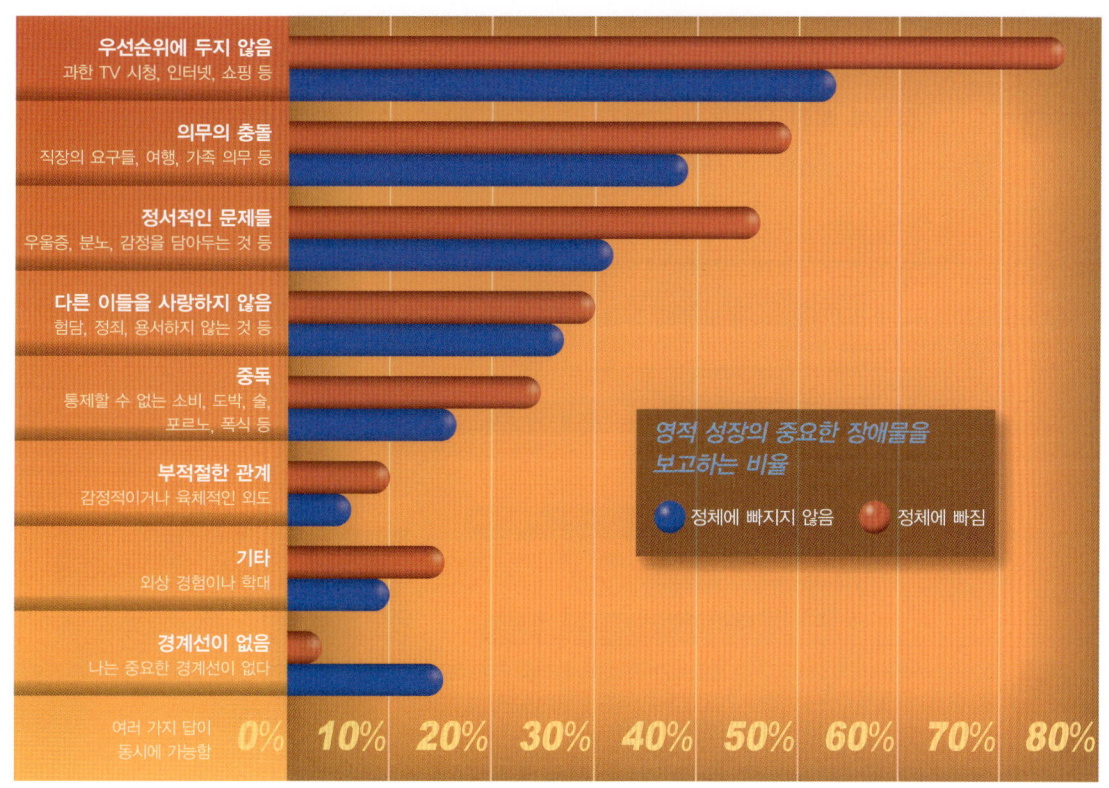

표 4-3: 정체에 빠진 사람들은 성장에 관한 개인적인 장애물이 훨씬 더 많다고 보고한 반면, 영적 성장을 '우선순위에 두지 않음'에 아주 높은 반응을 보였다. 이것은 영적 삶에 대한 낮은 우선순위와 개인적인 문제들이 함께 정체에 빠지는 계기를 만든다는 것을 암시한다.

정서적 문제, 중독, 그리고 부적절한 관계들이 그들의 성장의 장애물이다.

믿음의 정도가 약해지는 것은 논리적으로 맞는 이야기다. 이것은 그들이 정체에 빠진 상황 때문이라기보다는 영적 성장의 단계 변화 1단계에 속함 가 낮기 때문이다.

그렇다면 하나님을 믿고 은혜로 얻는 구원에 대해 확실하게 믿는 사람들을 영적 정체에 빠지게 만드는 원인은 무엇인가? 우리는 정체에 빠진 사람들이 다른 사람들보다 '심각한 장애물'에 대해 보고할 확률이 높다는 사실을 안다 표 4-3, 87쪽. 그들은 정서적 문제, 중독, 그리고 부적절한 관계와 같이, 그들의 영적 여정 안에 심각한 분열과 소란을 일으키는 개인적인 문제들이 성장의 장애물이라는 사실을 보고한다. 하지만 지금까지 가장 영향이 큰 장애물은 '영적 성장을 높은 우선순위에 두지 않는 것'이다.

정체에 빠진 사람들이 영적 성장을 우선순위에 두지 않는다는 사실은 다음에

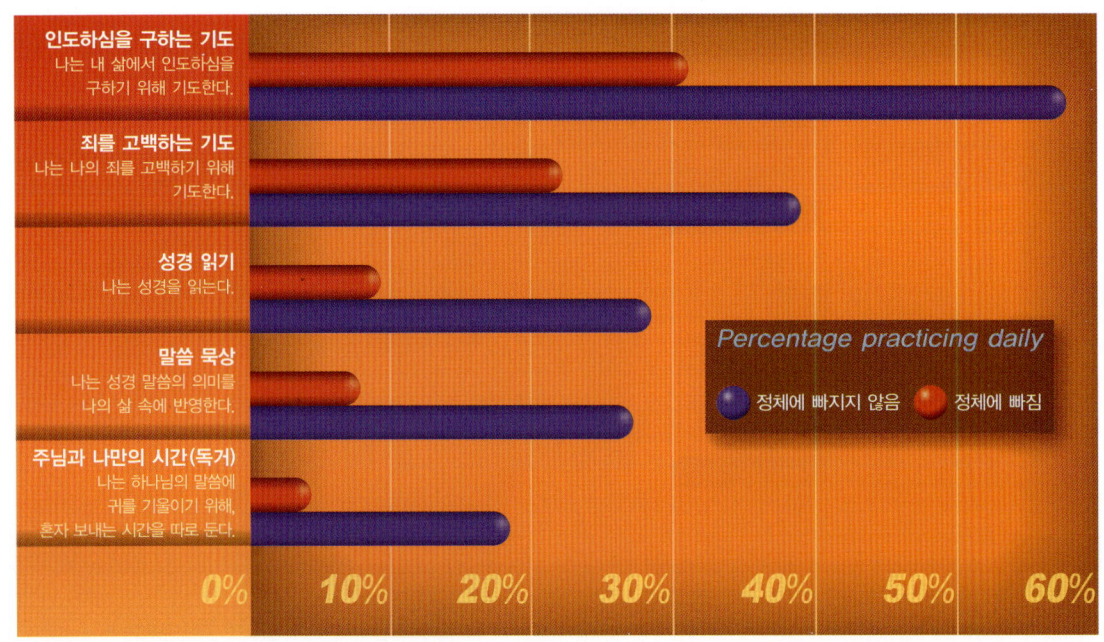

표 4-4: 정체에 빠진 사람들은 개인 영적 습관에 대해 아주 낮은 이행 수준을 보고한다. 이것은 그들이 영적 성장을 '우선순위에 두지 않는다'라고 많이 응답하는 것과 일치한다.

나오는 연구 결과가 뒷받침해 준다. 정체에 빠진 사람들이 그렇지 않은 사람들보다 개인 영적 훈련의 수준이 현저하게 낮은 것으로 보고 되었다 표 4-4. 이렇게 개인 영적 훈련에 투자하는 시간이 낮은 것은 정체에 빠진 사람들의 '영적 성장을 우선순위에 두지 않는다' 라는 사실이 그들에게 심각한 장애물이라는 사실을 그대로 반영하고 있는 것이다. 성경 읽기와 말씀 묵상의 항목이 지극히 낮은 것은 각각 10% 이하 성경이 영적 성장에 미치는 큰 영향을 생각해 볼 때 매우 심각한 걱정거리다 표 2-7, 42쪽.

정체에 빠진 그룹에 대한 이런 발견들은 우리가 지난번에 실시한 연구 결과와도 일치한다. 지난번의 연구 결과에서 우리는 정체에 빠진 사람들은, 그리스도와의 인격적인 관계를 위한 지속적인 영적 훈련과 습관을 뿌리내리지 못했기 때문에, 그들이 삶에서 겪는 시련에 맞설 준비가 안 되었을 것이라고 보았다. 그들은 인생의 폭풍이 몰려올 때 믿음의 뿌리가 너무 얕아 하나님의 신실하심에 대한 의심과 좌절감으로 인해 영적 여정이 정체에 빠질 수 있다 마 13:6. 믿음의 뿌리를 얕게 내리면 믿음이 말라 비틀어지게 된다. 이것이 영적 정체에 빠진 단계에 대해 우리가 내린 결론이다.

> 우리는 이제 무엇이 사람들을 정체에서 벗어나게 할 수 있는지 연구 결과를 통해 설명할 수 있다.

우리는 최근 조사에 참여한 모든 사람들에게 자신의 영적 여정에서 정체에 빠진 적이 한번이라도 있는지 물어봤다. 거의 모든 사람들이 그런 적이 있다고 대답했다. 그런 후에 우리는 어떻게 정체에서 벗어날 수 있었는지에 대해 물어봤다. 압도적인 대다수는 개인의 영적 훈련을 다시 활성화함으로 그런 상태에서 벗어날 수 있었다고 대답했다 표 4-5, 90쪽.

다시 시작하는 결정을 내리도록 자극을 준 요인이 무엇인지 우리는 모르지만, 영적 성장의 길로 되돌아가는 데에는 영적 습관이 큰 역할을 하고 있다는 것은 분명하다. 이것이 왜 진실인지는 내 딸의 실패했던 피아노 레슨 이야기로 되돌아가면 알 수 있다.

'영적 성장을 우선순위에 두지 않는다' 라는 사실이 그들에게 심각한 장애물이다.

내 딸은 자신의 피아노 치는 날은 끝났다고 단언했다. 사실 나는 딸이 레슨을 계속하든 그만두든 상관이 없었지만, 실패와 좌절의 감정 때문에 포기하는 것은 원치 않았다. 그때 나는 부모로서 양육에 관해 내린 여러 결정 중에 보다 훌륭한 결정을 내렸는데, 나는 그 자리에서 피아노 치는 것을 그만둬도 된다고 동의했다. 대신 한 가지 조건이 있었다. 나는 딸에게 다가오는 일주일 동안 매일 20분씩 피아노 연습을 하라고 제안했다. 그렇게 한 후 다음 레슨 때에도 그만두고 싶다는 확신이 들어 포기하면 나는 딸의 결정을 지지하겠다고 했다.

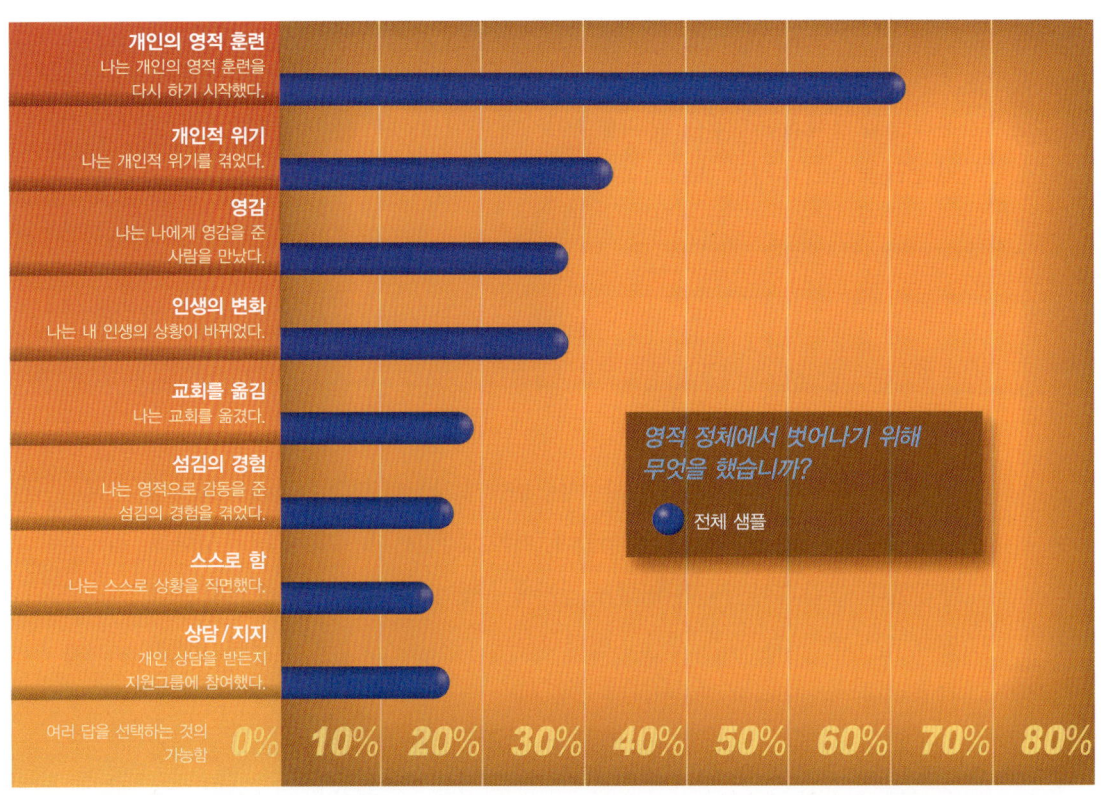

표 4-5: 조사에 참여한 거의 모든 사람들은 영적 여정 가운데 정체에 빠진 경험이 있다고 대답했다. 정체에서 벗어나기 위해 무엇을 했냐고 물어봤을 때, 가장 많은 대답은 영적 훈련을 다시 시작한 것이었다. 두 번째로 많은 대답 '나는 개인적 위기를 겪었다'고 말한 사람은 절반 정도에 그쳤다.

내 딸은 동의했다. 그리고 그만두지 않았다. 결국 그녀는 6년 후 대학을 가기 전까지 계속 피아노를 배웠다. 중간에 몇 번 더 좌절한 적이 있었지만, 그녀가 매일 규칙적인 훈련을 다시 시작하는데 전력을 기울인 후에는 바른 길로 돌아왔다. 이것이 왜 효과가 있었는가? 그녀가 음악을 좋아했기 때문이다. 그녀는 피아노를 연주하는 것, 그리고 연주를 할 때 창조되는 음악을 좋아했다. 매일 규칙적인 훈련을 다시 함으로써 열정을 가지고 피아노를 연주할 수 있게 되었다.

이와 같은 원리로 볼 때 개인의 영적 훈련이 영적 정체에 빠진 마음에 성장을 촉진시킬 수 있는 힘을 가지고 있다고 설명할 수 있다. 개인의 영적 훈련을 다시 시작하는 것은 그리스도를 사랑하는 우리의 마음과, 우리를 향한 그리스도의 사랑에 대한 믿음을 다시 불타오르게 한다. 인생의 무거운 짐과 압박 앞에서 우리를 강하게 하는 것은 사랑과 하나님의 신실하심에 대한 우리의 믿음이다.

우리에게 다가오는 인생의 힘든 시기는 무섭고 거칠 수 있다. 또한 우리의 신앙 성장 과정의 어느 시점에서나 일어날 수 있다. 이렇게 정체에 빠진 그룹에 관한 연구 결과는 우리 일상의 영적 습관 형성이 얼마나 중요한지를 보여 준다. 우리 모두에게 영적 정체의 위험이 있다. 개인의 영적 훈련은 하나님의 존재를 우리의 삶에 지속적으로 상기시켜 줌으로 우리의 믿음을 강화시켜 준다. 이것이 우리가 영적으로 정체되지 않기 위해 들 수 있는 최고의 보험이다.

사람들을 올바른 길로 다시 돌려 놓는 것은 영적 훈련의 책임이었다.

장애물 2: '나는 불만족스럽다'

당신이 어떤 대학, 신학교, 또는 어떤 형태이든지 간에 지속적으로 이루어지는 교육이나 훈련 기관에 입학하기로 내렸던 결정을 되돌아보라. 당신은 아마도 등록금, 위치, 크기, 캠퍼스의 환경, 당신이 선택한 분야에 대한 전문성, 명성 등의 많은 요소들을 고려해서 선택했을 것이다. 이런 요소들은 당신의 학문적인 성장과 전문적/개인적 발전을 위해 특정한 기관에 입학하기로 내리는 결정을 하기까지 필터 역할을 했다.

드디어 그 결정은 진짜 경험으로 바뀌었다. 당신은 친구를 사귀고 강의실을

17퍼센트의 사람들이 그들의 교회에 대해 어느 정도 불만을 표현한다.

찾아다니던 첫 날부터 당신이 원래의 결정을 내릴 때 고려했던 요소들에 의해 만들어진 기대와 실제로 겪는 경험을 비교하면서 만족도에 대해 평가를 했다. 당신이 그 학교를 선택한 이유가 전공분야에 대한 전문성 때문이었는데, 담당 교수들의 강의가 재미없고 영감을 주지 못했다면 아마도 당신은 그리 행복하지 못했을 것이다.

바로 이런 것이 만족과 불만족이 무엇인지를 가르쳐 준다. 그것은 어떤 경험이 기대치에 부응하는지 혹은 못하는지에 대해 내리는 개인의 평가를 말한다.

우리의 교회 생활에 대해 기대감을 갖게 하는 것은 무엇인가? 이것은 매우 중

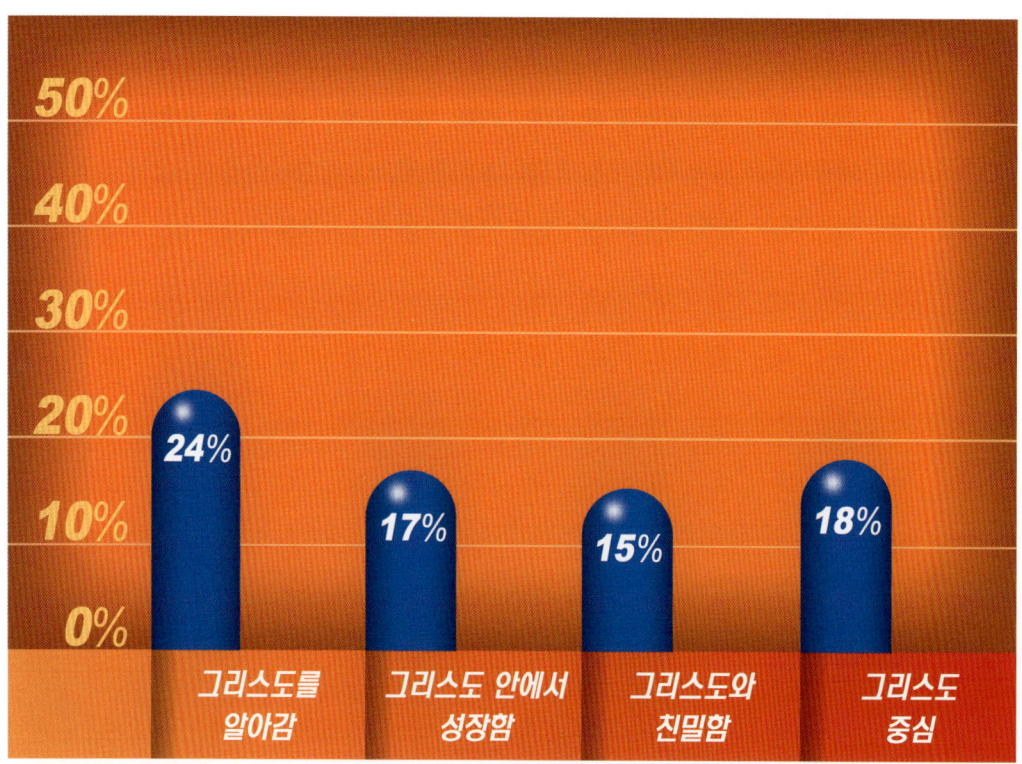

표 4-6: 자신의 영적 성장에 있어서 교회의 역할에 대해 불만족스럽게 느끼는 사람들은 네 가지의 영적 단계에 꽤 고르게 분포되어 있다. 조사에 참여한 모든 사람들의 17퍼센트는 자신의 교회에 대해 어느 정도의 불만을 표현했다.

요한 질문이다. 왜냐하면 연구 결과는 비교적 높은 비율이라 할 수 있는 17퍼센트의 사람들이 그들의 교회에 대해 어느 정도 불만을 표현하고 있음을 보여 주기 때문이다. 이 불만들은 부족한 주차장 시설, 시끄러운 음악, 또는 불편한 자리와 같은 비본질적인 이슈에 관한 것이 아니었다. 이들은 '교회가 나를 어떻게 영적으로 성장하도록 도와주는지'에 특히 불만을 느끼고 있었다. 이 사실은 이들이 교회를 자신들의 영적 성장에 도움이 주는 곳이 아닌 장애물로 본다는 뜻이다.

불만족을 느끼는 사람들은 신앙 성장 과정의 모든 단계에 존재한다. 그러므로 같은 잣대를 가지고 전체를 평가하면, 교회는 모든 단계에서 불만족 집단의 기대에 부응하지 못하고 있다 표 4-6.

영적 성장의 장애물 가운데 하나인 불만족은 정체와는 다른 면이 있다. 정체에 빠진 사람들에게는 말 그대로 영적 성장이 차단된 것이지만 불만족을 느끼는 사람들은 그 경우가 다르다. 우리의 연구 결과는 불만족 집단에 속하는 사람들의 영적 믿음과 태도, 습관의 패턴이 자신의 영적 성장에 대한 교회의 역할에 불만을 갖지 않는 성숙한 사람들의 패턴과 별 차이가 없음을 보여 준다. 그러므로 불만족은 영적 성장을 가로막는 장애물이라기보다는, 마치 무능한 선생이 배움을 왜곡시키는 것처럼, 불만족은 영적 성장을 왜곡하고 영적 성장의 가능성을 좌절시킨다고 말할 수 있다. 혹 당신은 무능한 선생을 만나더라도 교과서를 통해 어떤 과목을 배울 수 있을지도 모르겠다. 하지만, 수업이 끔찍하게 여겨지면 결국에는 그 과목에 대한 즐거움은 사라지고, 그 내용도 이해할 수 없게 될 것이다. 이와 마찬가지로 사람들이 교회에서 느끼는 불만족의 경험과 실망감은 교회의 영적 교육과 격려에 온전하게 참여할 수 없게 만든다. 결국 이러한 실망감이 대부분의 사람들을 자신의 교회로부터 떠나게 만든다. 불만족과 정체 모두 성장의 장애물이지만 그 결과는 다르게 나타난다. 정체에 빠진 사람들은 영적 여정을 포기하지만, 불만을 느낀 사람들은 교회를 떠난다.

교회에 기대감을 갖게 만드는 영향력이 가장 큰 요소들을 알아낼 수만 있다면, 만족 또는 불만족에 영향을 끼치는 가장 큰 요소가 무엇인지도 확인할 수 있을 것이다. 만족에 가장 큰 영향을 끼치는 중요한 요소라면 불만족에도 동일하게 영향을 끼칠 것이다. 바꿔 말하면, 불만족의 근원을 이해하기 위해서는 사람들이 자신의 경험에 대해 평가를 내릴 때 가장 중요하게 여기는 것이 무엇인지

> 불만족은 영적 성장을 왜곡하고 영적 성장의 가능성을 좌절시킨다.

를 알아야 한다. 교회에서 어떤 경험을 기대하게 만드는 요소 중 가장 중요한 것은 무엇인가?

사람들의 영적 성장을 돕는 교회의 역할에 대해 얼마나 만족하는가와 가장 관련이 깊은 것은 교회 활동이다. 이 활동들을 보면 교회에 대한 불만족의 원인을 확인할 수 있다. 주말 예배는 교회에 대한 만족감과 가장 깊은 관련이 있는 교회 활동이다. 사실 주말 예배는 다른 교회 활동들보다 교회에 대한 사람들의 만족도를 측정할 때 네 배나 더 중요한 요소다. 다시 대학교를 선택하는 비유를 가지고 설명하면, 이것은 학비가 예산을 훨씬 넘어설 만큼 비싸고, 캠퍼스 환경도 매력이 없고, 통학 거리도 먼 것 등, 다른 부정적인 요소들이 있음에도 불구하고, 당신이 선택한 전공분야에 관한 탁월함 때문에 어떤 학교를 선택하는 것과 같다. 당신이 선택한 전공분야에 대해 갖는 그 기대치에 학교가 얼마나 부응하느냐에 따라 학교생활에 대한 당신의 만족도가 결정되므로 이 요소야말로 다른 모든 요소보다 훨씬 중요한 요소다.

우리의 연구 결과에 따르면, **주말 예배야말로 교회가 사람들에게 영적으로 성장할 수 있도록 도움을 주는 측면에서 가장 큰 만족감을 주는 가장 중요한 요소다.** 그러므로 교회에 대해 만족도를 결정짓는 가장 중요한 요소가 주말 예배라면, 그것은 또한 불만족의 가장 큰 원인이기도 하다는 결론을 내릴 수 있다.

불만족의 원인

불만족스럽게 여기는 사람들은 주말 예배에서 무엇을 원하는가? 〈표 4-7〉은 불만족 집단이 주말 예배의 경험과 관련한 10가지 요소의 중요도와 만족도에 대해 어떻게 평가하는지 비교해서 보여 준다.

첫 번째 칸은 불만족 집단에서 각 요소에 대해 '결정적으로 중요하다' 또는 '매우 중요하다'라고 표시한 사람들의 비율을 정렬한 것이다. 이것은 기대치를 설정하기 위해 우리가 관찰하는 것과 유사하다. 가장 중요하다고 평가된 요소들은 불만족 집단으로 하여금 주말 예배에 대해 기대감을 갖게 만드는 가장 영향력이 큰 요소들이다.

주말 예배에 대한 불만족의 원인
(불만족 집단만)

주말 예배의 10가지 요소	중요도 [1]	만족도 [2]	간격 [3]
나에게 도움이 되는 적절한 성경의 가르침을 매일의 삶에 구체화한다	87%	32%	55%
도전을 주며 생각을 자극한다	84%	30%	54%
성경 말씀을 자주 인용한다	81%	41%	41%
성경에 관한 깊은 통찰력을 제공한다	72%	19%	53%
예배 찬송에 신자들이 함께 찬양하도록 만든다	68%	50%	18%
내가 반응할 수 있는 다음 단계를 제공한다	60%	20%	40%
묵상과 기도를 할 수 있는 기회를 제공한다	55%	22%	33%
실제 사람들의 간증이나 이야기를 나눈다	45%	37%	8%
설교말씀을 그 주 동안에 적용할 수 있도록 인쇄물이나 인터넷을 통해 도와준다	38%	35%	3%
드라마, 춤, 또는 비디오 같은 창의적인 요소들을 활용한다	27%	50%	-23%*

[1] '결정적으로 중요하다' 또는 '매우 중요하다'라고 답변한 사람들의 비율 [2] '대단히 만족한다' 또는 '매우 만족한다'라고 답변한 사람들의 비율 [3] 중요도에서 만족도를 뺀 수치

* 간격에서 마이너스 수치는 만족이 중요성보다 더 중요하다는 뜻이다.

표 4-7: 자신의 영적 성장에서 교회의 역할에 불만을 느낀 사람들이, 예배의 열 가지 요소의 중요도과 만족도에 대해 평가했다. 교회의 전략적 기회가 무엇인지 보여 주는 지표로써 가장 큰 간격이 무엇인지를 알기 위해 중요도 수치에서 만족도 수치를 뺐다.

두 번째 칸은 사람들이 주말 예배에서 이러한 요소들을 경험했을 때 '극도로 만족한다' 또는 '매우 만족한다'라고 대답한 사람들의 비율을 보여 준다. 세 번째 칸에서는 불만족을 느끼는 사람들의 관점에서 교회가 가장 두드러지게 실패한 곳이 어디인지 분명하게 이해할 수 있도록 하기 위해 중요도 수치에서 만족도 수치를 뺐다. 이 분석에서 얻은 중요한 두 가지 통찰력에 대해 다음에 소개한다.

주말 예배에 대한 세 가지 요소가 가장 중요하다. 불만족 집단의 80퍼센트 이상은 주말 예배와 관련된 다음의 세 가지 요소에 대해 '결정적으로 중요한' 또는 '매우 중요한'이라고 평가했다.

- *나에게 도움이 되는 적절한 성경의 가르침을 매일의 삶에 구체화한다.*

- *도전을 주며 생각을 자극한다.*

- *성경 말씀을 자주 인용한다.*

이 요소들은 다른 요소들보다 더 높은 순서에 분류된 것으로 보아 불만족 집단이 어떤 기대를 하고 있는지를 보여 준다. 더욱 중요한 것은 만족도의 수준에 상관없이 모든 사람들이 주말 예배의 세 가지 요소가 중요하다고 평가한 것이다. 이것은 불만족 집단뿐만 아니라 모든 사람이 가지고 있는 기대가 무엇인지 정리하는데 이 세 가지 요소가 매우 중요하다는 것을 의미한다.

세 가지의 주말 예배 요소들은 중요도와 만족도 사이에서 상당한 간격이 있음을 보여 준다. 불만족 집단만을 대상으로 한 답변에 의하면 표 4-7, 95쪽, 세 가지 주말 예배 요소에서 중요도와 만족도 사이에 상당한 간격이 있다.

- *나에게 도움이 되는 적절한 성경의 가르침을 매일의 삶에 구체화한다.*

- *도전을 주며 생각을 자극한다.*

- *성경에 관한 깊은 연구를 제공한다.*

이것은 불만족 집단에게 문제가 되는 가장 큰 요인이며, 동시에 교회에 대한 불만을 줄일 수 있는 가장 높은 가능성이 있는 요인이기도 하다. 더욱 중요한 것은 자신의 영적 성장에 대한 교회의 역할에 만족한다는 반응을 보인 사람들의 중요도와 만족도 사이의 간격이 가장 크게 나타나는 것도 바로 이 요소들이라는 것이다. 이 세 가지 요소들을 다루기 위해 더 많은 교회의 자원들을 가져오는 것은 만족도나 불만족의 수준에 상관없이 거의 모든 사람들이 반응한 간격이 얼마나 큰지를 보여 주는 것이다.

하지만 사실을 분명히 하자

불만족 집단이 보여 준 50퍼센트 이상의 간격 표 4-7, 95쪽은 교회에 대해 만족감을 보이는 집단이 표현한 간격보다 훨씬 더 높았다. 자신의 영적 성장과 관련한 교회의 역할에 만족하는 사람들은 가장 중요한 교회 활동인 주말 예배에 대해 높은 만족도를 자연스럽게 표현한다. 이 세 가지 요소들은 모든 사람들의 기대를 채우지 못하는 가장 중요한 것이다. 하지만 자신의 영적 성장에서 교회의 역할에 만족하는 사람들에게 중요도와 만족도 사이의 간격은 10-12퍼센트였고, 불만을 느끼는 사람들은 50퍼센트 이상이었다.

이 연구에서 가장 중요한 발견은 이 세 가지 요소들의 간격을 통해 교회가 전반적으로 취약한 영역이 무엇인지와 또한 이것은 불만족 집단에게만 한정된 것이 아니라는 것을 보여 준다. 요컨대, 불만족 집단이 주말 예배에서 채움 받지 못한 세 가지 기대에 대해 다루는 것이, 교회에 대한 만족도나 그들의 영적 여정 단계와 관계없이 모든 사람에게 도움을 줄 것이다.

이 세 가지 요소들의 간격이 교회가 전반적으로 취약한 영역이 무엇인지를 보여 준다.

불만족 집단에 대한 이해

불만족의 원인에 대한 관찰을 통해 추가로 발견한 연구 결과에 기초해서, 우리는 왜 교회가 불만족 집단을 매우 가치 있고 중요한 도전으로 봐야 하는지에 대한 다섯 가지 이유를 살펴볼 것이다.

그들은 우리가 바라봐야 할 곳에 빛을 비춰 준다. 불만족 집단은 교회에 대한 불만의 주요 원인이 무엇인지 밝히 보여 줄 뿐만 아니라, 교회의 약점에 대한 그들의 관점에 어느 정도 다른 사람들도 동의하기 때문이다. 불만족 집단과 만족 집단 모두가 주말 예배 요소들의 중요성과 세 가지 채워지지 않은 기대들에 대해 동의한다는 것은, 불만족 집단이 모든 사람들의 영적 성장을 이끄는 발전적 방법을 보여 줄 수 있음을 가르쳐 준다. 이러한 사실들은 불평하는 원인이 반복적일 때 그 이메일에 우리의 관심을 집중할 필요가 있음을 알려 준다. 불만족 집단은 교회의 필요한 변화에 대한 전체 신자의 견해를 알려 주는 선동자일 수 있기 때문이다.

그들은 오해를 받는다. 나는 불만족 집단의 사람들을 생각할 때면, 백설공주의 일곱 난장이 중 한 명인 심술쟁이 Grumpy 의 이미지가 떠오른다. 나는 불만족 집단의 사람들을 심술쟁이의 무리라고 상상한다. ─얼굴을 찌푸리고, 괴팍하며, 불평만 하고 도무지 감사할 줄 모르는 사람들이라고 상상한다.

하지만 우리의 연구는 이것이 올바른 이미지가 아님을 보여 준다. *불만을 느끼는 사람들은 상습적으로 부정적인 사람들이 아니다.* 사실 그들 대부분은 열정적인 믿음과 섬기는 자의 마음을 보인다. 또한, 그들은 인구학적으로 전체의 표본에 일치한다. 그들은 나머지 교회의 신자들보다 더 늙거나 더 젊은 것이 아니다. 그들은 상습적으로 교회를 옮겨 다니는 사람들도 아니다. 대체로 그들의 교회 출석 기간은 7년 이상이다.

그들은 교회에 대한 채워지지 않은 기대를 표현하는 성실한 사람들이다. 우리의 모든 자료가 그들의 말에 귀를 기울여야 한다고 말하고 있다.

그들은 흔들리지 않는 사람들이 아니다. 어떤 목사가 불만족 집단에 대해 "가난한 이들처럼, 그들은 언제나 우리와 함께할 것이다"라고 묘사했다. 하지만 우리가 분석한 자료에 의하면 그것은 진실이 아니다. 불만족 집단은 교회에 대한 좌절감으로 꽉 막힌 사람들이 아니다. 우리가 조사한 200개 이상의 교회가 보여 준 불만족 집단의 비율은 천차만별이었다. 어떤 교회의 회중 가운데 가장 높은 불만족 집단의 비율을 보이는 교회는 42퍼센트였고 가장 낮은 교회는 6퍼센

영적 성장의 장애물

they aren't leaving
그들은 떠나지 않는다.

트였다. 불만족 집단이 아예 없는 교회는 없었지만 몇 교회는 한 자리 숫자에 머물기도 했다.

이렇게 불만족 집단의 비율이 높은 것에서 낮은 것까지 범위와 비율이 낮은 교회의 숫자를 검토해 볼 때 교회는 신자들이 느끼는 불만족의 수위에 영향을 끼칠 수 있고, 변화를 줄 수 있음을 알 수 있었다. 좋은 소식이 있다. 불만족은 전체 회중이 원하는 필요를 채워 줌으로 줄여 갈 수 있다는 것이다. "밀물은 모든 배를 띄운다"라는 옛 말과 같이.

그들은 떠나지 않는다. 우리는 사람들에게 '확실하게' 또는 '아마도 교회에 남을 것이다', '확실하게' 또는 '아마도 교회를 떠날 것이다', 혹은 '남을 것인지 떠날 것인지 확실하지 않다'에 대해 물어봤다. 불만족 집단의 41퍼센트는 확실하지 않다, 또는 아마도/확실하게 떠날 것이라고 대답한 반면 나머지 59퍼센트는 교회에 남을 생각이라고 했다. 더욱 중요한 것은, 41퍼센트의 3분의 2에 해당하는 대부분의 사람들은 확실하지 않다고 대답하고 있기 때문에 그들은 아직 문 밖으로 나간 것이 아니라는 것이다. 우리에게는 아직도 그들을 교회에 대한 비난자가 아니라 지지자로 바꿀 수 있는 기회가 있다.

대부분은 헌신적인 그리스도의 제자다. 불만족 집단의 반 이상은 영적 성장의 가장 성숙한 단계에 속해 있다. 이것은 그들이 우리 가운데 최고의 복음 전도자들이고, 가장 많은 헌금을 내는 사람들이며 자원봉사자들이라는 뜻이다. 이들은 예수 그리스도께 깊이 헌신되어 있지만 교회에 대해 고민하는 사람들이다. 우리의 모든 연구 결과를 살펴볼 때 이들이야말로 열정적인 그리스도의 제자들로 영향력을 끼칠 가능성이 높다. 이들이 교회에 대해 불만을 느끼는 장애물만 해결해 준다면, 우리는 이 사람들을 교회에서 잃는 것을 막을 수 있을 것이다. 중요한 것은, 우리가 그리스도 중심의 영적 수준을 가지고도 교회를 비난하는 자들에 대해 불평하는 대신 오히려 그들을 하나님 나라의 일을 진척시키는 교회의 온전한 파트너들로 바꿀 수 있다는 것이다.

> 이들은 예수 그리스도께 깊이 헌신되어 있지만 교회에 대해 고민하는 사람들이다.

불만족 집단과 정체 집단이 겹치는 부분

불만족은 더 큰 불만족을 끌어 당기는 자석이 될 수도 있다. 작은 실망들이 우리의 시야를 덮어버리고 더 많은 좌절이 올 것이라고 미리 비관하게 만들 수도 있다. '하늘이 무너지고 있다'고 느끼는 감정은 실재 혹은 심적인 좌절의 사이클에 갇힌 사람들에게서 흔히 찾을 수 있다.

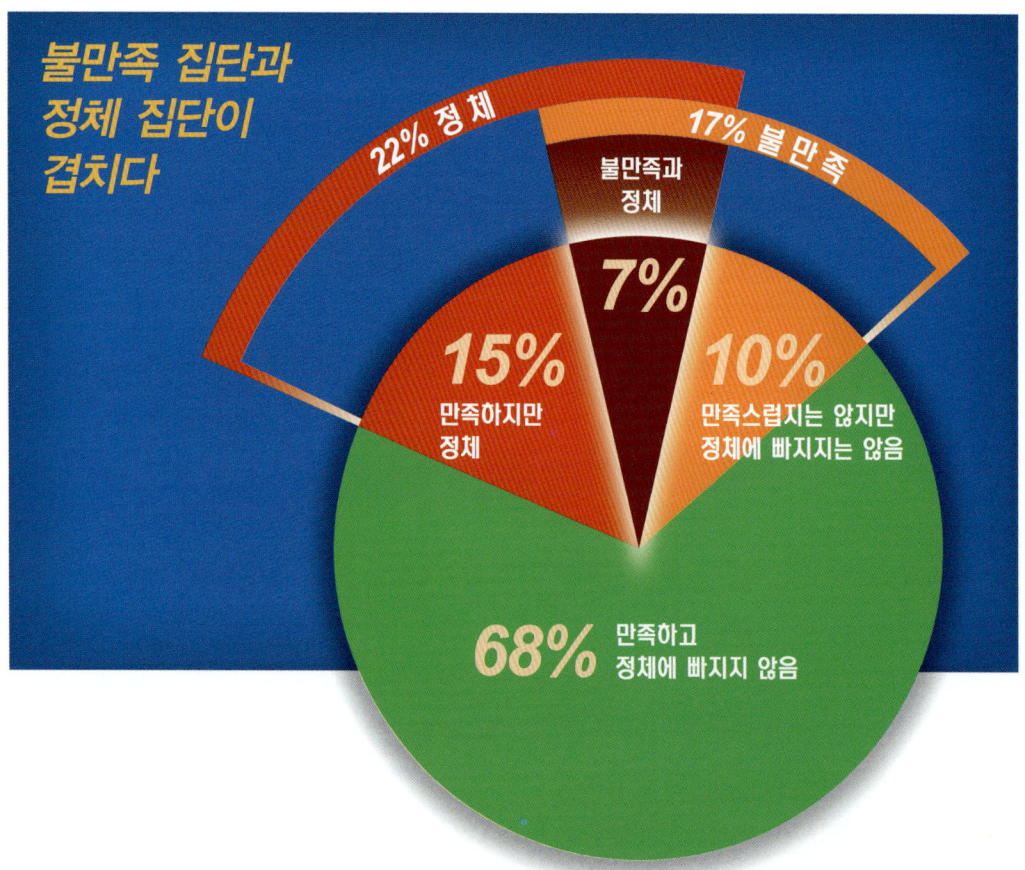

표 4-8: 17퍼센트의 불만족 집단과 22퍼센트의 정체 집단 사이에 중복이 있다. 전체의 7퍼센트는 정체 집단인 동시에 불만족 집단이다. 정체 집단과 불만족 집단의 겹치지 않는 부분까지 포함하면 전체의 32퍼센트(15%, 7%, 그리고 10%의 합계)가 이 두 집단에 포함되었다.

우리로 하여금 가장 각성하게 만드는 두 가지 영적 단계가 공통점을 가지고 있고 서로가 영향을 끼치고 있다는 것은 놀라운 일이 아니다. 누군가가 정체 상태에 빠지고 영적 삶을 행복하게 여기지 않고 있다면 그 탓을 교회로 돌릴 수 있다. 마찬가지로 영적 성장의 초기단계에서는 교회가 중요한 역할을 하기 때문에 교회에 불만을 가지는 것은 자연스럽게 영적 정체 상태로 움직이게 만든다. 연구에 참여한 7퍼센트의 사람들은 표 4-8 교회에 대해서도 행복하게 여기지 못하고 불만족 집단 자신의 영적 성장에 대해서도 행복하게 여기지 못한 것으로 정체 집단 나타났다.

> 우리로 하여금 가장 각성하게 만드는 두 가지 영적 단계가 공통점을 가지고 있다.

좋은 소식이 있다

좋은 소식은 연구에 참여한 사람들의 68퍼센트는 만족하고 있고 정체되지도 않았다는 것이다. 그들은 영적으로 성장하고 있고 자신의 영적 성장에 끼치는 교회의 역할에 만족하고 있었다. 이 수치는 조사에 참여한 200개 교회들 가운데 높게는 84퍼센트에서부터 낮게는 48퍼센트까지 분포되어 있다. 이렇게 넓은 분포도는 교회가 가지고 있는 전략과 형식이 사람들의 영적 생활에 큰 영향을 끼친다는 것을 증명한다.

또 다른 좋은 소식은 15퍼센트의 사람들은 영적 정체 상태임에도 불구하고 자신의 영적 성장에 관련한 교회의 역할에 만족하고 있다는 것이다. 이 집단은 그들이 정체 상태에서 벗어날 수 있도록 돕기 위해 교회가 계획하고 있는 전략에 대해서 환영할 확률이 높다.

나쁜 소식도 있다

나쁜 소식은 정체 집단과 불만족 집단의 숫자를 살펴보면 정체 집단 혹은 불만족 집단을 모두 더하면, 연구에 참여한 사람들의 3분의 1에 해당하는 32퍼센트는 갈등하고 있으며, 행복하지 않은 그룹에 포함된다는 것이다. 32퍼센트라는 수치가 실망스럽기는 하지만 우리가 조사한 교회들 사이에는 다양한 변수가 있는 것을 보게 되었다. 이것은 우리가 연구를 통해 이루어야 할 가장 큰 기여, 즉 우리가 서로를 통해 배울 수 있는 과정을 만들어야 할 숙제가 우리 앞에 놓여 있음을 의미한다. 만약 우리가 부정적인 두 집단의 수치가 가장 낮은 교회의 내부를 들여

다볼 수 있다면, 우리는 정체 상태에 있거나 불만족 상태에 있는 사람들의 필요를 채울 수 있는 가장 효과적인 전략과 프로그램을 찾을 수 있을 것이다. 또 우리가 그런 전략과 프로그램에 대해서 전파할 수 있다면 이를 통해서 얻는 영적 에너지와 생산성은 주목할 만한 놀라운 일일 것이다.

한편으로 우리는 현재 우리가 알고 있는 것을 행동으로 실천할 수 있다. 우리는 정체 집단의 가장 큰 기회와 장애를 극복하는 방법은 개인 영적 훈련을 다시 시작하는 것임을 알고 있다. 우리는 불만족 집단의 불만의 핵심에는 적절한 성경적 가르침, 주말 예배에서 말씀을 통한 도전의 부족함이 자리 잡고 있음을 알기 때문에 그렇다.

장애물들을 우리가 극복할 수 있다

우리가 현재 알고 있는 사실만으로도, 정체와 불만족 상태에 있는 사람들에게 영적 여정을 공격하는 파괴적인 격동과 난기류를 뚫고 항해하도록 돕는 초보적인 조치를 취하는 것이 가능하다. 이런 장애물들은 우리가 이겨낼 수 있는 것들이다. 여기에는 영적 무장과 격려, 코칭과 훈련이 요구될 뿐이다. 그렇게 할 때 정체에 빠진 사람들이 그리스도에 대한 열정을 다시 찾을 것이고, 불만족 집단에 속한 사람들은 교회에 대한 그들의 열정을 되찾을 것이다. 그리고 그리스도의 몸으로 자라가는 제자들로서 온전히 헌신되고 그리스도 중심의 삶의 길로 되돌아올 것이다.

> 우리가 현재 알고 있는 사실만으로도, 정체와 불만족 상태에 놓여 있는 사람들을 돕기 위한 초보적인 조치를 취하는 것이 가능하다.

spiritual equipping 영적 무장

캘리 파킨슨 CALLY PARKINSON

FOLLOW ME

5

두 가지
귀중한 발견

200여 개의 교회들을 설문 조사한 결과 가장 눈에 띈 두 가지 발견들

discoveries 발견

우리는 4년간의 영적 성장에 대한 연구를 통해 교회를 도울 수 있는 중요한 두 가지 돌파구를 발견했다. 두 가지 발견 모두 영적 성장에 큰 영향력을 끼칠 수 있도록 지금 당장 실천할 수 있는 것이다.

far-reaching implications
광범위한 의미

❺ 두 가지 귀중한 발견

발견 Reveal **팀은** 지금까지 연구한 결과들을 되돌아보는 시간을 갖기 위해 최근에 함께 모였다. 우리는 자료들과 도표들을 잠시 내려놓고 컴퓨터들을 다 껐다. 그런 다음에 수년간 우리가 연구를 통해 발견한 것 가운데 가장 중요한 돌파구와 같은 발견이 무엇이었는지에 대해 마음을 열고 머리를 맞대어 토론했다. 우리는 '돌파구'란 말을 의도적으로 사용한다. '돌파구'는 단순히 흥미로운 발견이나 발전적인 영향력 정도를 말하는 것이 아니다. 돌파구는 극적이면서도 멀리까지 영향을 미치는 새로운 발견을 의미한다. 이것이 몇 시간을 걸쳐 진행된 토론의 초점이었다. 우리가 멀리까지 영향력을 미칠 수 있을 것이라고 믿는, 하나님 나라에 강한 영향력을 끼칠 가능성이 가장 높은 것이 무엇인지 가려내기를 원했다. 아래의 항목들은 우리가 내린 토론의 결론이다.

1. 그리스도 중심의 사람들이 하나님 나라의 강력한 영향력을 강화시킬 가능성이 상당히 높다. 그리스도 중심의 사람들 중에서 가장 헌신적인 사람이라 할지라도 영적 태도와 행실 모두 완전히 헌신했다고 말할 수는 없다. 빌 하이벨스 Bill Hybels 는 그리스도인들에게 항상 다음과 같이 도전한다. "하나님에 대한 헌신이 95퍼센트라 할지라도 5퍼센트가 부족하다." 우리는 이 주장이 교회가 붙잡아야 할 위대한 기회의 핵심을 보여 준다고 믿는다. 최고의 전도자, 자원봉사자, 기증자들은 모두 가장 헌신된 그리스도의 제자들이지만, 우리는 그들이 영적 활동에 있어서 그보다 더 큰 역량을 지니고 있다는 증거들을 보고 있다.

> 돌파구는 극적이면서도 멀리까지 영향을 미치는 새로운 발견을 의미한다.

2. 성경은 영적 성장의 가장 강력한 촉진요소이다. 우리가 발견한 것들 중에 성경만큼 영적 성장을 도와주는 것은 없었다. 말씀 묵상이 가장 영향력 있는 영적 습관이며, 유일하게 우리가 평가한 50개의 기준을 만족시키면서도 세 가지 영적 변화 단계마다 상위 다섯 가지의 촉진요소 목록에 포함되었다. 그러므로 우리는 이것이 영적 성장에 있어서 결과를 가장 잘 예측할 수 있는 촉진요소라는 결론을 내렸다.

이러한 돌파구에 대한 관찰 보고를 뒷받침해 주는 증거들을 좀더 자세히 살펴보도록 하자.

그리스도 중심의 사람들이 하나님 나라의 강력한 영향력을 강화시킬 가능성이 상당히 높다

그리스도 중심의 사람이 되는 여정은 끝이 없다. 완벽한 기준인 예수 그리스도를 열망하지만 완벽하지 못한 인간인 우리들은 항상 목표에 도달하지 못할 것이다. 만약 우리가 불가능한 기준을 가지고 절대 메울 수 없는 차이에만 집중한다면 낙심할 수 있다. 하지만 교회 리더십의 책임자 관점에서 보면, 이것은 상당히 큰 기회로 이어지는 열린 문이다. 이것은 변명의 여지없이 더 높은 단계의 영적 사역으로 우리의 기대치를 높여 주기 때문이다.

우리의 연구는 모든 그리스도인들의 최대 헌신 기준을 100퍼센트로 봤을 때, 상당한 차이로 그 기준에 미치지 못하고 있다는 것을 실제로 보여 준다. 자신을 진정으로 그리스도 중심의 사람이라고 믿는 사람들 중에도 그렇다. 성경의 가르침과 우리의 연구 결과를 통해 드러난 것 사이에는 상당한 차이들이 존재하며, 이 결과는 교회의 핵심 지도자들로 하여금 도전하는 수준을 기탄없이 높게 설정하도록 만들 것이다.

문제의 핵심, 즉 영적 성장을 규정짓는 두 개의 요소들 - 하나님 사랑과 이웃 사랑 마 22:37-39 - 사이의 간격 표 5-1에 대해서 생각해 보자.

두 가지 귀중한 발견

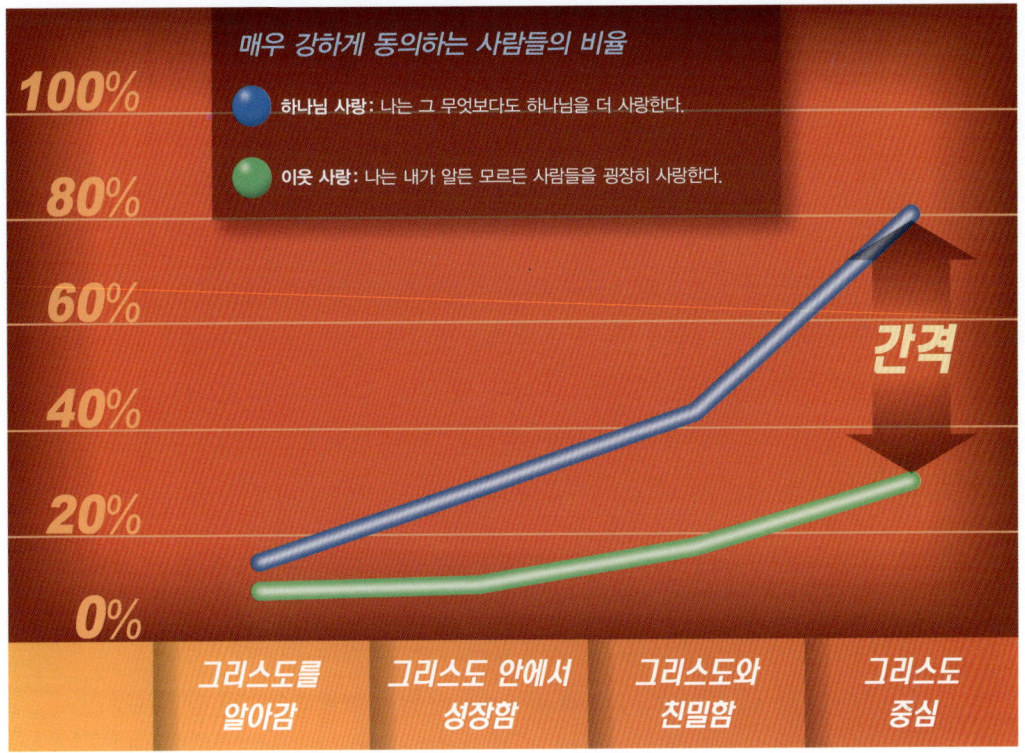

표 5-1: '하나님 사랑'과 '이웃 사랑'에 대해 '매우 강하게 동의'하는 사람들의 비율은 영적 성장 과정 단계에 따라 점점 상승한다. 하지만 영적 성장 단계가 점점 올라갈수록 두 가지 진술에 대해 '매우 강하게 동의'한다는 입장에 차이를 보이기 시작한다. 이것은 사람들이 '이웃 사랑'보다는 '하나님 사랑'에 대해 '매우 강하게 동의'할 확률이 높다는 것을 의미한다.

위쪽의 파란 막대는 영적 성장 단계를 거치면서 '나는 그 무엇보다도 하나님을 더 사랑한다'에 '매우 강하게 동의'한다는 반응을 보인 사람들이 점차적으로 증가하는 것을 볼 수 있다. 영적으로 더 성숙한 단계로 진행함에 따라 자연스럽게 그 비율은 더 가파르게 상승하는 것을 볼 수 있다. 하지만 꼭 참고해야 할 것은 그리스도 중심의 사람들 가운데 78퍼센트만 이 진술에 대해 '매우 강하게 동의'를 했다는 것이다. 나머지 22퍼센트는 이보다 더 낮은 단계의 헌신을 보여 주는 표현들을 답으로 선택했다는 의미다.

가장 주목할 만한 차이는 '하나님 사랑'에 반응한 파란 막대와 '나는 내가 알든 모르든 사람들을 굉장히 사랑한다'는 진술에 '매우 강하게 동의한다'고 대답한 그 아래 연두 막대 사이에 보여지는 차이다. '하나님 사랑'의 비율 78%은 '이웃 사랑'의 비율 30%보다 그리스도 중심 단계에서 2.5배나 높다. 또 눈여겨볼 만한 차이는 두 가지 진술들이 영적 성장 단계들 중 그리스도 중심 단계에서 가장 많은 차이를 보인다는 것이다. 다시 말해, 가장 성숙한 그리스도인들이 '하나님 사랑'과 '이웃 사랑' 사이에 가장 큰 차이를 보인다는 것이다. 결론적으로, 그리스도 중심의 사람들은 '하나님 사랑'을 실천하는 데 열정을 다하는 반면, '이웃 사랑'은 그에 비해 많이 뒤쳐진다.

'하나님 사랑'에 대답을 비교하는 것과는 별개로, **'이웃 사랑'에 대한 반응이 대체적으로 완만한 상승 곡선으로 나타나는 것은 좀 예상 밖의 결과다.** 모든 영적 성장 단계 부분에서 '이웃 사랑'에 대해 '매우 강하게 동의한다'를 선택한 사람들의 비율은 20퍼센트 미만이었다. 국내/국외에서 위기 속에 처한 사람들을 돕는 사람들의 이야기들로 가득 찬 미디어를 보면서 '이웃 사랑'의 곡선이 개인의 신앙과 관계없이 더 높게 나타나지 않을까 기대하는 것이 자연스럽게 보였다. 그러나 더 성숙한 단계에 있는 그리스도인들 그리스도와 친밀함과 그리스도 중심 가운데 대다수가 이 진술에 대해 비교적 낮은 비율로 동의를 했다는 것은 교회 지도자들이 자신을 돌아보는 일을 시작해야 하는 충분한 이유가 된다.

'이웃 사랑'이 부족하다는 점은 다음 도표에 표시된 영적 성장 단계를 거쳐 올라가는 섬김의 패턴을 통해 다시 강조되며, 이것은 또한 더 큰 섬김의 역량이 존재한다는 것을 보여 준다 표 5-2.

몇 가지 좋은 소식들

우선 좋은 소식은 도표에 표시된 세 가지 역량의 영역에서 영적 성장 단계를 거쳐감에 따라 사람들이 매달 섬기는 횟수가 증가하고 있다는 것이다. 그리스도 중심의 단계에 속한 사람들 가운데 60퍼센트 이상이 매달 한 번 이상 교회에서 사역을 섬긴다. 50퍼센트는 매달 한 번 이상 도움이 필요한 사람들을 '혼자서' 교회 밖에서 섬긴다. 30퍼센트 이상의 사람들은 매달 한 번 이상 교회를 통해 도움이 필요한 사람들을 돕는다. 이 그룹들은 어느 정도 중복되는데 교회를 통해 도움이 필요한 사람들을 섬기는 사람들은 교회 사역도 섬기고 있다는 것을 의미한다. '혼자서' 도움이 필요한 사람들을 돕는 사람들이 다른 방법으로는 섬기지 않는 것처럼, 한 가지 영역에서만 섬기는 사람들도 있었다. 섬기는 사람들의 숫자를 걸러내어 살펴본 결과, 그리스도 중심의 사람들 중 83퍼센트가 한 가지 이상의 영역에서 매달 한 번 이상 섬기고 있는 것을 알 수 있었다.

나쁜 소식은 40퍼센트 정도가 매달 한 번 이상 교회 사역을 섬기지 않는다는 것이며, 50퍼센트는 매달 한 번 이상 '혼자서' 도움이 필요한 사람들을 섬기지 않고, 대략적으로 70퍼센트는 매달 한 번 이상 교회를 통해 도움이 필요한 사람들을 섬기지 않는다는 것이다. 모든 섬김 횟수를 종합해 봤을 때, 그리스도 중심의 사람들 가운데 17퍼센트는 그 어느 영역에서도 매달 한 번 이상 섬기지 않는

표 5-2: 성장 과정을 따라 몇 가지 또는 한 가지 섬김의 영역에서 매달 한 번 이상 섬기는 사람들의 비율이 증가하고 있는 것으로 보고 되었다. 우리는 그리스도 중심의 사람들이 높은 수준의 섬김 활동을 하고 있다는 보고를 기대했으나, 예상과는 달리 섬김 활동에 있어서 100퍼센트의 참여율 대비 실제 참여율은 상당히 큰 차이가 있음을 보게 되었다.

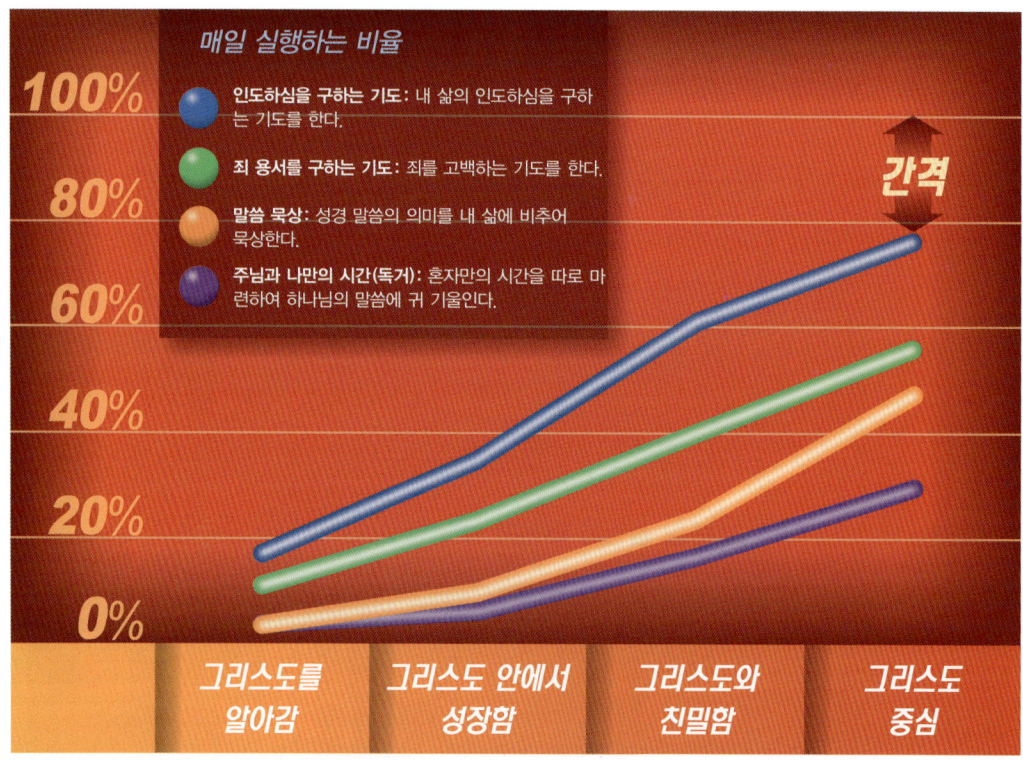

표 5-3: 영적 성장 단계가 높아질수록, 매일 영적 습관들을 행하는 사람들의 비율이 높아지는 것을 볼 수 있다. 우리는 그리스도 중심의 사람들 중 매일 영적 습관들을 실행하는 사람들의 비율이 높을 것이라고 예상했는데 그 예상은 적중했다. 하지만 100퍼센트 참여율을 기준으로 봤을 때, 여전히 큰 차이가 있음을 볼 수 있다

다는 것을 알 수 있었다. 그리스도 중심의 사람들임을 감안했을 때, 이 수치는 안타깝게도 상당히 높은 편이다.

우리는 이 연구 결과들을 가지고 사람들에게 더 많은 헌신을 하도록 압박을 주는 도구로 사용해서는 안 된다. 이 문제는 활동량에 관한 문제가 아니며, 마음에 관한 문제다. '이웃 사랑'의 낮은 비율과 매달 한 번 이상 섬기지 않는 그리스도인들의 높은 비율을 보았을 때, 우리는 이 문제가 영적 성장의 도전과 관련이 있음을 알 수 있었다. 또한, '하나님 사랑'과 더불어 '이웃 사랑'을 믿음의 가치관에 더하도록 사람들의 마음을 확장함으로써, 하나님 나라를 위해 상당한 이득을 얻을 수 있을 것이다. **어떻게 마음을 확장시키느냐가 우리에게 도전으로 다가온**

다. 단순히 섬김의 활동량을 증가시키는 것보다 훨씬 고차원적인 단계이다.

개인적인 영적 훈련들이 마음을 확장하는 방법들 중 하나일 수도 있다 표 5-3. 바로 전에 언급했듯이, 영적 성장 단계에 있어서 개인적인 영적 훈련의 증가는 영적 태도들과 행동이 증가하는 현상과 연관성이 있음을 알 수 있다.

매일 기도하지 않으면서도 그리스도 중심의 사람이 존재한다는 것은 상상조차 힘든 일이다. 하지만 우리의 연구 결과는 20퍼센트 이상이 '자신의 삶의 인도하심'을 위해 매일 기도하지 않으며, 반 이상은 '성경 말씀의 의미를 자신의 삶에 비추어 묵상하는 시간'을 매일 갖지 않는다. 인간적인 용어로 해석하자면, 이것은 의사소통이 가능한데도 불구하고 매일 배우자와의 의사소통을 안 하기로 결정하는 행위와 같다. 관계에 있어서 제일 중요한 요소는 의사소통과 함께한 경험들이다. 밀접한 관계일수록 서로 접촉하는 일은 더 자주 있게 마련이다. 이러한 수치들은 영적 성장 단계에 존재하는 영적 습관들을 더욱 많이 행함으로써, 하나님과 더욱 밀접한 관계를 갖는데 도움을 줄 수 있는 기회들이며, 그리스도 중심의 단계에 속한 사람들도 예외가 아니다.

우리는 그리스도 중심의 사람들에게 더욱 큰 도전을 주기 위해 이 수치를 분석하여 두 그룹으로 나눴다. 헌신적인 그룹, 그리고 비헌신적인 그룹.

헌신적인

그리스도 중심의 사람들 가운데 50퍼센트는 '나는 내게 있어 중요한 모든 것들을 예수 그리스도 앞에 내려놓을 것이다'라는 진술에 '매우 강하게 동의한다'라고 말했다.

비헌신적인

그리스도 중심의 사람들 가운데 나머지 50퍼센트는 '나는 내게 있어 중요한 모

> 그리스도 중심의 사람
> 20퍼센트 이상이 매일 기도하지 않는다.

하나님 나라의 큰 상급

든 것들을 예수 그리스도 앞에 내려놓을 것이다'라는 진술에 '매우 강하게 동의한다'라고 말하지 않았다.

〈표 5-4〉의 오른편에 나타나는 두 단계는 그리스도 중심 단계의 하위집단을 대표한다. 이 도표에 있어서 가장 중요한 집단은 바로 맨 오른쪽 아래에 있는 집단이다. 즉, 그리스도 중심의 단계에 속한 사람들 가운데 '나는 내게 있어 중요한 모든 것들을 예수 그리스도 앞에 내려놓을 것이다'란 진술에 '매우 강하게 동의한다'라고 대답한 사람들이다. 이 사람들이야 말로 우리가 말하는 소위 '헌신적인' 그리스도인들, 다시 말해, 그리스도 중심의 사람들인 것이다.

하지만 우리가 헌신된 사람들—예수님을 위해서라면 모든 것을 걸 수 있는 사람들—에게 집중을 하더라도 그 가운데 40퍼센트는 여전히 십일조를 내지 않으며 20퍼센트는 '삶의 인도하심을 구하는' 기도를 매일 하지 않고 있으며,

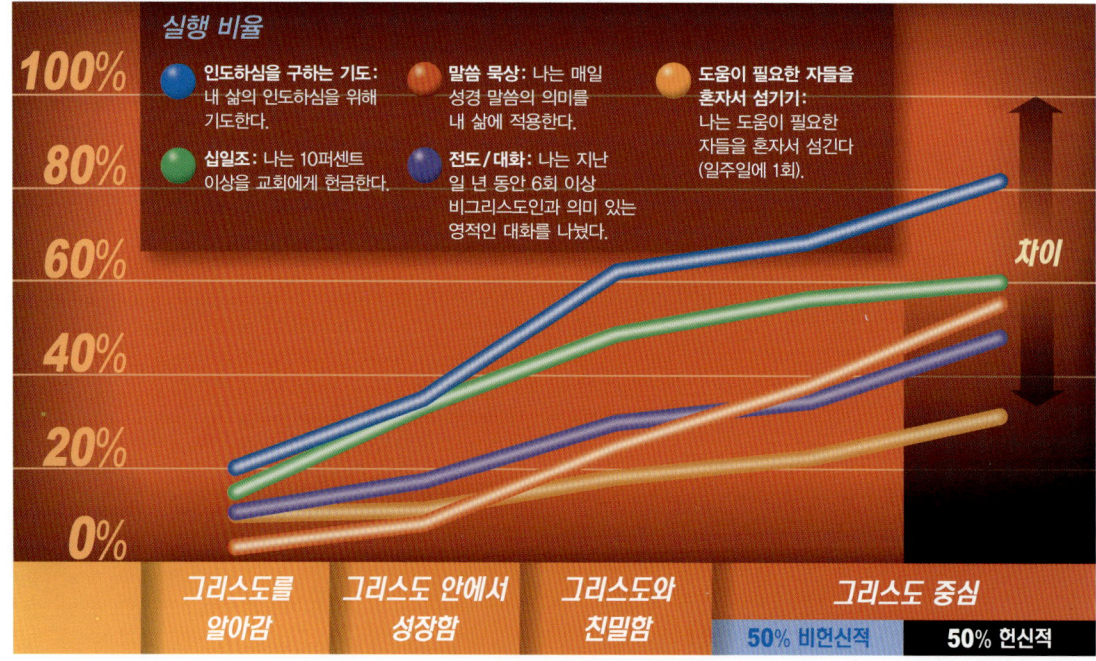

표 5-4: '그리스도 중심' 단계가 다시 두 하위집단으로 나뉘어진 것은 가장 헌신적인 그리스도 중심의 사람들조차도 실제 영적 습관들과 활동의 수준에 부족한 점들이 많다는 것을 보여 준다.

50퍼센트는 비그리스도인과 영적인 대화를 나누는 일이 일 년에 여섯 번도 안 된다고 한다. 그들이 다른 영적 단계에 속한 사람들보다 더 많이 섬기고, 전도하고, 십일조를 내고, 기도하며 말씀 묵상을 할지라도, 그들에게는 아직 더 성장해야 할 영역들이 존재한다. 그들은 아직도 하나님 나라를 위해 도전을 받아 섬길 기회가 있으며, 일반적으로 그들은 하나님의 크신 사랑에 의해 영감을 받았기에 섬기고 싶을 것이다.

무엇이 요구되는가?

그리스도를 향한 새롭고 깊은 헌신과 사랑을 추구하는 것은 도전을 주는 것처럼 단순한 것일 수 있다. 마음을 바로 잡았고, 올바른 동기부여들을 갖고 있다 할지라도 때로는 다음 단계로 넘어가기 위해서는 더욱 더 힘을 북돋아주는 도전이 필요할 수도 있다. ―감독들이 종종 가장 유망한 선수들에게 주는 도전과 같이.

간단하게 말해서, 이것이 바로 교회를 위한 기회이다. 즉 그리스도 중심의 사람들의 감독이 되는 것이다. 선수 자신이 보지 못하는 결점들을 감독이 발견했을 때, 감독은 자신의 역할을 가장 효과적으로 수행할 수 있는 것처럼 말이다. 그 크고 작은 변화들이 계기를 마련하는 가장 큰 잠재력을 지닌다. 교회는 헌신하는 그리스도인들을 격려하고 동참시켜 그들이 현재 있는 위치와 100퍼센트 그리스도에게 헌신하는 수준 사이에 존재하는 간격을 줄이는 역할을 맡겨줄 수 있다.

우리가 이전에 실시했던 연구에서 그리스도 중심의 단계가 갖는 위대한 잠재력에 대해 소개했다. 그 당시에 우리는 어떻게 해야 더 많은 사람들을 그리스도 중심의 단계로 끌어올릴 수 있을까에 대해 초점을 맞췄었다. 왜냐하면 가장 높은 헌신의 단계에 속한 사람들의 수를 늘리기 위해.

이제 우리는 그리스도 중심의 사람들의 잠재력을 대단히 중요하게 여긴다. 그리스도 중심의 사람들의 숫자를 늘리고 싶을 뿐만 아니라, 우리는 이미 그리스도 중심의 단계에 속한 사람들을 더욱 높은 헌신과 사랑의 수준으로 도전하기를 원한다. 만약 이들이 이 도전에 성공한다면, ―우리는 이들이 분명히 성공할 것이라 확신한다.― 하나님 나라의 상급은 말로 다할 수 없을 것이다.

> 우리는 이미 그리스도 중심의 단계에 속한 사람들을 더욱 높은 헌신과 사랑의 수준으로 도전하기를 원한다.

성경은 영적 성장의 가장 강력한 촉진요소이다

이전에 실시했던 연구를 통해 우리는 영적 성장을 촉진시키는데 있어서 개인적인 영적 훈련들이 상당한 효과를 가져온다는 것을 발견했다. 또한 이것은 교회 활동을 포함한 그 무엇보다도 영적 변화에 큰 영향을 미친다는 것을 깨달았다. 이 연구 결과는 우리가 개인적인 영적 훈련들에 대해 더욱 깊이 살펴보도록 영감을 주었다. 이것을 통해 영적 여정의 다양한 시점마다 가장 중요하게 여겨지는 영적 습관에 대해 더 중요한 통찰력을 얻을 수 있었다.

자료의 모든 부문에서 나타난 공통된 단 한가지 진실은 성경과 함께 시간을 사용하는 것이 개인적인 영적 훈련들 중에서 가장 강력한 영향력을 미친다는 것이었다. 좀 더 자세히 말하면, '나는 내 삶과 관련해서 성경 말씀의 의미를 묵상' 하는 것이 세 단계의 영적 변화 가운데서 가장 쉽게 예측할 수 있는 가장 좋은 영적 습관이다 표 5-5.

묵상이란 말에는 중요한 의미가 담겨 있다. 말씀을 묵상하는 것은 명상하는 과정과 사색, 심사숙고를 포함한다. '내 삶과 관련해서 성경 말씀의 의미를 묵상' 하는 습관은 하나님의 말씀을 매일 삶의 행동들, 선택들, 그리고 사건들의 진실을 비춰 주는 거울로 삼아 되돌아보는 것을 지칭한다. 이것은 성경 본문을 대충 훑어보거나 기계적인 방법으로 경건의 시간을 갖는 것을 의미하는 것이 아니다. 이것은 영적 여정의 초기 단계에서 시작되어 영적 성장을 촉진시키는 강력한 개인적인 묵상의 경험을 말한다.

더 흥미로운 발견은 말씀 묵상이 변화 1단계에서 가장 쉽게 예측 가능한 개인적인 영적 훈련이라는 것이다. 우리는 최근의 연구를 통해 성경을 처음으로 접하는 사람들에게 성경이 어떠한 영향을 주는지 평가를 할 수 있었다. 다시 말하면, 얼마나 성경을 자주 읽고 드물게 보는 것부터 시작해서 자주 볼 때까지 묵상을 하느냐에 따라 어떤 영향력이 있느냐에 대한 것 말이다. 말씀 묵상이 영적 성장의 초기 단계에서 가장 영향력 있는 영적 습관이었으며, 논리적으로 초신자들에게 영향력이 더 많은 영적 습관일 것으로 예상되었던 기도보다도 영향력이 강했다.

> 성경과 함께 시간을 사용하는 것이 개인적인 영적 훈련들 중에서 가장 강력한 영향력을 미쳤다.

두 가지 귀중한 발견

표 5-5: '말씀 묵상'은 세 단계의 변화 모두에 걸쳐 가장 영향력 있는 영적 습관이다.

말씀 묵상은 유일하게 세 단계의 변화 모두에 걸쳐 상위 5위 내에 이름을 올린 영적 촉진요소이다. 우리가 50개 이상의 영적 촉진요소 가운데 영적 성장에 있어 가장 영향력 있는 촉진요소가 어떤 것인지 5위까지 순위를 정해 본 결과, 말씀 묵상만이 유일하게 세 가지 목록 모두에 나타났다 표 5-6.

이러한 이유들 때문에 우리는 성경이 영적 성장에 있어 가장 강력한 촉진요소라고 한 것이다. 제3장 53쪽에서 언급했던 '바닐라 요인'과 비슷하다. 말씀 묵상은 그 어느 개인적인 영적 훈련보다도 우위일 뿐만 아니라, 우리가 뽑았던 가장 영향력 있는 요인들 상위 5위 순위에 모두 이름을 올렸다. 이것은 주목할 만한 현상이다. **성경의 영향력은 다른 모든 요소들을 능가하는 것으로 보인다.** 바닐라 맛 아이스크림의 인기가 그 외의 모든 맛들의 인기를 초월하듯이 성경은 개인적인 영적 훈련의 측면에서만 바닐라가 아니다. 모든 영역에서 성경은 바닐라다.

우리는 다른 개인적인 활동을 생각해 봄으로 이 발견의 의미를 적용해 볼 수 있다. 우리 모두가 육체적인 건강에 매우 도움이 된다는 것을 알고는 있지만, 그럼에도 불구하고 해야 하는 만큼 자주 하지 못하는 것이 있다. 운동이 그렇다. 보편적으로 사람들이 운동을 하지 않는 이유가 두 가지 있다. 자신들의 매주 반복되는 일상에 끼어 넣을 여유가 없고, 아니면 즐기지 못하기 때문에 지루하고 고통스럽다. 이러한 장애물들이 있는데도 불구하고 어째서 여전히 많은 사람들이 규칙적으로 운동을 하는가? 건강에 도움이 된다는 것을 인식하고 있기 때문이다. 그들은 건강을 유지하는데 있어서 규칙적으로 운동

말씀 묵상은 유일하게 세 단계의 변화 모두에 걸쳐 상위 5위에 이름을 올린 영적 촉진요소이다

그리스도를 알아감에서 그리스도 안에서 성장함까지

변화 1

1. 은혜로 얻는 구원 (영적 믿음/태도)
2. 삼위일체 (영적 믿음/태도)
3. 교회를 섬김 (교회 활동)
4. 인도하심을 구하는 기도 (영적 습관)
5. **말씀 묵상** (영적 습관)

그리스도 안에서 성장함에서 그리스도와 친밀함까지

변화 2

1. 나의 하나님 (영적 믿음/태도)
2. 인도하심을 구하는 기도 (영적 습관)
3. **말씀 묵상** (영적 습관)
4. 주님과 나만의 시간(독거) (영적 습관)
5. 전도 (다른 이들과의 영적 활동)

그리스도와 친밀함에서 그리스도 중심까지

변화 3

1. 내 삶을 드림 (영적 믿음/태도)
2. 그리스도가 최우선 (영적 믿음/태도)
3. 그리스도 안의 정체성 (영적 믿음/태도)
4. 성경의 권위 (영적 믿음/태도)
5. **말씀 묵상** (영적 습관)

표 5-6: '말씀 묵상'은 유일하게 세 단계의 변화 모두에 걸쳐 상위 5위에 이름을 올린 영적 촉진요소이다.

하는 것보다 더 효과적인 방법이 없다는 걸 알고 있다.

말씀 묵상도 비슷한 장애물들을 가지고 있다. 항상 규칙적으로 지켜 행하기 힘들며, 우리는 종종 말씀 묵상을 즐기지 않기 때문에 피하는 경향이 있다. 운동의 예와 같이, 사람들에게 말씀 묵상이 얼마나 영적으로 도움이 많이 되는지를 인식시켜 줌으로써, 그들의 매일 반복되는 일상의 패턴 속에 말씀 묵상 시간을 자리 잡게 만들 수 있다. 우리의 연구에 따르면, 실천 하나로도 규칙적인 운동이 신체적으로 많은 도움을 주듯이, 말씀 묵상도 영적 성장에 큰 도움을 줄 수 있다.

당신이 속한 공동체는 말씀 묵상이 영적 건강에 얼마나 중요한지를 제대로 인식하고 있는가? 그들은 성경 말씀을 통한 영적 성장이 그 어느 습관보다도 영향력이 있다는 것을 알고 있는가? 하나님의 말씀에 시간을 투자하는 것이 자신이 영적 여정 어디에 위치하고 있는지와 상관없이 영적 성장에 가장 큰 도움이 되며, 교회에서 섬기는 여러 가지 활동들과 소그룹을 포함한 그 어느 활동보다도 중요하다는 것을 인식하고 있는가? 그 무엇도 성경의 영향력과 비교할 수 없다.

즐기지 못하는 두 번째 장애물을 뛰어넘기 위해서는 사람들에게 중요성을 인식시켜 주는 것이 매일 반복되는 일상 속에 말씀 묵상의 시간을 확보하는 것보다 더 많이 선행되어야 한다. 익숙하지 않은 언어와 생소한 환경으로 가득한 고대문서를 해석하는 것은 특히 초신자들에게는 접근할 수 없는 벽처럼 느껴질 수 있다. 초보 운동자들이 헬스 클럽의 워크아웃 기구들을 본 후 두려움을 느끼는 것처럼, 초신자들은 성경에 대해 경계심과 불길한 예감을 갖고 접한다. 가장 성숙한 그리스도인들조차도 기대감과 함께 성경을 펼치기보다는 습관에 의해 펼치는 경우가 있으며, 이것은 매일 러닝머신처럼 반복되는 운동에 의해 기진맥진한 현상과 비슷하다.

우리가 성경 말씀을 읽어갈 때 우리를 도와주는 성경 입문서나 연구 지침서, 묵상집과 같은 자료들은 부족하지 않다. 하나님의 사람들을 위한 하나님 말씀의 비밀과 능력을 얻기 위해서라면 모든 창조적인 방법을 활용하는 것을 두려워해서는 안 된다. 성경이 러닝머신의 단조로움처럼 지루한 일상의 활동으로 존재해서는 안 된다. 성경 묵상에 시간을 투자하는 것이, 역기를 들 때처럼 지루

그 무엇도 성경의 영향력과 비교할 수 없다.

하고 힘들다는 생각에서 기대로 반전시킬 때, 초신자들 뿐만 아니라 신앙적으로 좀더 든든하게 세워진 사람들에게도 영적 성장을 촉진하는데 많은 도움을 줄 수 있다. 가장 헌신적인 그리스도인들조차도 매일 말씀 묵상을 하는 사람들이 반밖에 안 된다는 것을 기억하라 표 5-4, 112쪽.

인식과 접근성은 사람들에게 지속적인 말씀 묵상을 할 수 있도록 격려하기 위한 두 가지 핵심전략이다. 도전과 코칭, 이 두 단어는 그리스도 중심의 사람들을 더 높은 영적 단계들로 이끄는 표어다. 이러한 개념들은 혁명적이거나 복잡한 것이 아니다. 이러한 발견들이 자신의 교회에 적용되고 있는지를 확인하기 위해서 설문조사를 할 필요도 없다. 우리는 당신이 이러한 발견들을 가지고 바로 실천하기를 바란다! 그리스도 중심의 사람들을 새로운 영적 수준으로 이끌거나 말씀 묵상을 사람들의 일상생활의 습관으로 자리 잡도록 돕기 위해 할 수 있는 것이 무엇이든지 간에, 이러한 행동들은 하나님 나라 상급이 크다는 사실을 확신하고 행하라.

코치로서의 교회

지난 4년간의 영적 성장에 관하여 수집하고 연구하고 분석한 자료들과 우리가 발견한 돌파구들을 되돌아보면서 우리는 교회의 가장 큰 역할이 영적 동기부여자 혹은 영적 코치라는 결론을 내렸다. 교회는 자기 혼자서는 볼 수 없는 것들을 볼 수 있도록 돕기 위해 우리들의 영혼을 비춰 주는 거울을 만들어 세워 줄 수 있다. 이런 크고 작은 모든 변화들은 우리의 영적 방향성을 바꿀 수 있는 잠재력을 가지고 있다. 코치처럼 교회는 우리에게 영적인 연습 계획을 짜줄 수 있다. 우리가 좀더 빨리 달리거나 더 많은 무게를 들도록 유도할 수 있다. 하지만 무엇보다 교회의 역할과 교회의 최고의 기쁨은 뒤로 물러서서 성령께서 우리의 마음을 사로잡고 그분의 위대한 역사에 우리를 사용하시는 것을 바라보며 우리를 응원해 주는 것이다.

우리의 연구를 통해 발견한 것들을 가지고 교회가 영적 코치로서의 사역을 보다 쉽게 수행하게 되며, 그런 노력을 통해 더욱 풍성한 열매를 맺기를 바란다.

교회의 가장 큰 역할은 영적 동기부여자 혹은 영적 코치다.

그렉 L. 호킨스 GREG L. HAWKINS

FOLLOW ME

❻ 윌로크릭의 변화

점진적인 개선부터 핵심전략의 재고까지

bold decisions 담대한 결정

변화가 목적이라면, 만지작거리거나 비틀어보는 것만으로는 안 된다. 윌로크릭교회가 착수하고 있는 세 가지 변화들을 살펴보고, 당신이 섬기는 교회의 영적 운동을 촉진시킬 방법들도 찾아보라.

next steps
다음 단계

6

윌로크릭의 변화

1년 전, 우리는 『발견』이란 책을 출간했다. 그 책에서 우리는 3년 동안 영적 성장의 원리에 대해 연구한 결과들을 소개했다. 그 책의 마지막 장에서 나는 우리가 배운 것을 토대로 윌로크릭교회가 반응을 보이기 위해 추구하던 세 가지 구체적인 변화에 대해서 언급했었다.

> 1. 회중에게 전하는 우리의 메시지가 변해야 한다.
>
> 2. 우리는 다음 단계를 코칭할 필요가 있다.
>
> 3. 주말 예배의 영향력을 증진시킬 필요가 있다.

그 이후로 우리는 추가적으로 백여 교회의 회중에게 설문조사를 실시했으며 그 결과들을 가지고 분석했다. 우리가 배운 것은 영적 변화를 촉진시키는 것들에 대한 우리의 이해를 증진시켰을 뿐만 아니라, 몇 가지 담대한 결정들을 내리도록 영감을 주었다.

우리가 배운 것은 몇 가지 담대한 결정들을 내리도록 영감을 주었다.

변화를 불러 일으킨 배경

더 많은 통찰력을 얻을수록, 우리는 초기에 추구한 세 가지의 변화들만으로는 우리가 다른 사람들이 경험하기를 바랐던, 일련의 영적 성장을 촉진시키고 유지시키기에는 불가능하다는 것을 깨달았다. 이러한 변화들이 도움을 주기는 했지만, 우리가 원하는 것과 해야 하는 것들이 아직도 많이 남아 있다.

우리의 주요 메시지를 바꾸다

윌로크릭이 영적 성장과 발전을 촉진하기 위해 필요하다고 믿었던 처음 세운 세 가지 변화는 우리가 이전에 회중에게 전했던 기본 메시지를 바꾸는 것을 기반으로 이루어졌다. 사실 우리는 몇 년 동안 우리의 회중에게 "여러분의 영적 필요가 무엇인지 우리는 알고 있으며, 여러분을 위해 그 필요를 채울 수 있는 프로그램이나 활동도 알고 있다"고 말해 왔다. 하지만 우리가 틀렸다. *사람들에게 필요한 것은 '한 사이즈에 모두를 맞추는' 과정이 아니었다.* 2007년 4월, 우리는 사람들이 "교회에 의존적이던 것에서 벗어나 상호의존적으로 성장해 교회의 파트너로 변화되도록" 우리의 핵심 메시지를 변경하기 시작했다.[1] 우리는 비싼 값을 치른 후에야 한 사이즈에 모두 맞추기 접근법을 가지고 개개인의 영적 필요들을 채우려는 것이 상당히 비현실적이었다는 것을 깨닫게 되었다.

다음 단계를 코칭하기

두 번째로 우리가 발견한 큰 변화는 다음 단계를 코칭하는 것과 관련이 있었다. 설문조사 결과, 사람들은 윌로크릭교회로 그리고 다른 교회들로 찾아간 이유가 영적으로 성장하기 위해서였다고 대답했다. 그들은 하나님과의 영적 여정을 떠나기 위한 다음 단계가 무엇인지 알고 싶어 했다. 1장에서 나는 이런 요구를 육체적인 성장을 위해 헬스클럽에 가서 트레이너와 함께 자신에게 알맞은 계획을 세우는 것과 비교해서 언급했었다. 교회 역시 영적인 측면에서 트레이너처럼 개별화된 방식으로 영적 성장을 위한 적절한 다음 단계를 제공해 줄 수 있는 능력이 있어야 함을 깨달았다. 우리는 각 개인들이 영적 성장 단계의 어느 지점에 와 있는지 확인하고 그 다음 단계들을 권할 수 있는 온라인 프로그램을 제작하기 시작했다. 이 일은 우리가 생각했던 것보다 훨씬 어려웠다. 하지만 우리는 프로그램의 수료자를 높여 갔고 그럴수록 프로그램만으로는 충분치 않다는 것

---

1) 그렉 L. 호킨스, 캘리 파킨스 공저, 『발견』(국제제자훈련원, 2008), 65.

을 깨달았다. 우리는 다음 단계를 위한 코칭과 지금까지 했던 모든 것을 통합시킬 필요를 느꼈고, 주말 예배를 그 첫 대상으로 삼았다. 추후에 더 자세히 설명하겠다.

주말 예배의 영향력을 증진하기

우리가 추구한 세 번째 변화는 주말 예배의 영향력을 증진하는 것이었다. 우리는 사람들이 주말 예배에서 배운 것들을 주중에 일상의 삶으로 통합할 수 있도록 돕기를 원했다. 예를 들면, 작년 봄과 가을에 두 가지의 시리즈 설교를 하면서 우리는 일기장을 나눠 주었다. 일기장들에는 주일 설교들을 들으면서 생긴 의문점이나 느낀 점들을 쓸 수 있는 공간이 있었고 더 깊은 연구를 할 수 있도록 참고 자료 목록이 들어가 있었다. 간단한 도구였음에도 불구하고 사람들은 일기장이 '주일과 주일 사이'의 영적 성장에 큰 영향력을 발휘했다고 우리에게 말했다.

더 큰 변화의 필요성

앞서 언급한 것처럼, 우리는 세 가지 변화 모두 상당한 진척을 보았다. 하지만 이러한 변화들을 실행에 옮겨 보고 새로운 연구를 통해 배운 후, 우리는 이 정도의 촉진요소를 가지고는 우리가 섬기는 사람들의 영적 삶에서 보기 원했던 그런 변화를 이끌어내기에는 미흡하다는 것을 깨달았다. 우리에게 필요했던 것은 더 큰 종류의 변화였다.

어떤 변화들을 추구할 것인지에 대한 긴 토론과 더불어 우리는 다른 교회도 살펴보았다. 이 교회들도 그들의 회중들로부터 함께 자료를 모으고 반응을 보였다. 이들은 손을 들어 윌로크릭교회가 실시한 영적 평가를 자기 교회에도 실시할 수 있도록 '우리도 끼어달라'고 했던 교회들이다. 우리는 이들을 통해 무엇을 배울 수 있을지 궁금했다.

우리에게 필요했던 것은 더 큰 종류의 변화였다.

2007년 가을, 나는 당시에 한참 진행되고 있던 연구를 통해 배운 결과들을 하루 세미나를 통해 가르치기 위해 일곱 도시를 방문했다. 거기서 나는 천 명 이상의 교회 리더들과 만나 다양한 상황에 따라 무엇이 효과가 있고 없는지에 대해서 토론을 하게 되었다. 이 대화의 내용들이 결국 윌로크릭교회에 추가된 세 가지 변화들을 위한 초기 촉진요소가 되었다. 이러한 변화를 통해 우리 회중의 영적 성장을 더욱 깊은 단계로 촉진시켜 줄 수 있기를 기대했다.

세 가지 변화들

우리가 최근에 머리를 쥐어짜면서까지 해결하고자 한 문제는 다음과 같다. 어떻게 윌로크릭교회의 역사적인 장점 위에 새로운 영적 성장 습관들을 받아들여 지속적으로 성장하도록 할 것인가? 현재까지 이 질문에 대한 우리의 대안은 다음의 세 가지 변화를 포함한다.

1. 우리가 구도자들에게 다가갈 때와 마찬가지로, 신자들을 그리스도 중심의 삶을 살도록 무장시킬 때에도 혁명적일 필요가 있다.

2. 우리는 주중에 드리는 예배들을 '다음 단계'로 이끌어 주는 다양한 배움의 터로 변형시킬 필요가 있다.

3. 우리는 영적 성장을 촉진시킬 수 있는 개별화된 경험과 자료들을 포함한 더 넓은 개념의 해결책을 제공해 주어야 한다.

Our hearts will always burn for those far from God.

우리의 가슴은 언제나 하나님과 멀리 떨어져 있는 자들을 향해 뜨겁게 타오를 것이다.

1 **우리가 구도자들에게 다가갈 때와 마찬가지로, 신자들을 그리스도 중심의 삶을 살도록 무장시킬 때에도 혁명적일 필요가 있다**

흔히 구도자 전도 운동과 관련되어 과소평가되어 온 진실 가운데 하나는 온전히 헌신된 그리스도의 제자들이 항상 중요한 역할을 했다는 것이다. 발견에 사용된 자료가 이것을 입증한다. 이것이 전혀 새로운 사실은 아니다. 발견이 주도적으로 제안하는 진정한 돌파구가 무엇인지를 새롭고 진실되게 표현한다면 이렇다. 그것은 바로 우리가 교회들에게 영감을 주는 것에 머물지 않고 사람들이 그리스도 중심의 삶을 살 수 있도록 이끄는 집중적이면서도 계획적인 전략을 실질적으로 실행하게 만드는 강력한 렌즈와 구조를 가지고 있다는 것이다.

윌로크릭교회의 초기 시절인 1970년대에는 하나님과 관계가 먼 사람을 교회로 초대하는 것은 상당히 드문 일이었다. 우리는 그러한 사고방식을 바꾸고 싶었다. 30년이 지난 지금, 초기에 결정했던 우리의 결론들이 이제는 전세계로 퍼져 구도자들에게 그리스도의 위험한 메시지를 들을 수 있는 안전한 장소를 제공하는 주말 예배를 계획하며 실행하는 수천의 교회들에게 '정상적'인 것이 무엇인지 그 개념을 재정립하는 역할을 감당했기를 소망한다.

우리의 가슴은 언제나 하나님과 멀리 떨어져 있는 자들을 향해 뜨겁게 타오를 것이다. 하지만 우리는 이제 그리스도 중심의 사람들이 교회에게 얼마나 중요한 존재인지를 더욱 잘 알게 되었다. 그들은 우리 교회의 모든 것을 이끌어가는 엔진과 같은 존재이다. 그들은 자신에 대해서는 죽고 그들의 가치관과 생활방식을 예수 그리스도와 동일하게 바꾼 사람들이다. 그들은 자신의 영혼을 하나님께 내려놓았다. 하나님께서는 그들을 사용하셔서 이 세상을 의미 있게 변화시키신다. 그러므로 교회는 그리스도 중심의 사람들을 위해 립 서비스보다는 더 많은 것을 제공해 줘야 한다. 모두가 이렇게 한다고들 말하지만 사실은 대부분의 교회들이 그렇게 하지 않는다는 걸 우리는 너무나 잘 알고 있다. 자신들이 말하는 것이 바로 이것이라고 말하지만 실상은 구도자에게 민감하다는 표현을 사용하고 싶지 않은 교회들도 있다.

우리는 이제 그리스도 중심의 사람들이 교회에게 얼마나 중요한 존재인지를 더욱 잘 알게 되었다.

제자가 되도록 그들에게 도전하라

충성스러운 그리스도의 제자들은 그들이 미치지 않았다는 것을 알 필요가 있다. 교회가 그들을 적극적으로 지원해 준다는 것을 알 필요가 있다. 그들의 희생은 존경 받아야 할 필요가 있다. 그들이 교회의 사명을 따라 섬기는 것이 아니라 세상을 향한 그리스도의 사명을 따라 섬기도록 도전 받을 필요가 있다. 우리의 초점이 바뀌면서 우리의 목회 활동을 재평가하고 재편성하고 있다. 그렇게 함으로 그리스도 중심의 사람들은 그리스도 중심의 삶을 살아가는 것을 모든 인간적인 사명들보다 더 가치 있게 여기도록 훈련되고 있다. 우리는 "이 사역은 교회의 사명에 관한 것입니까 아니면 그리스도 중심의 삶을 살기 위해 사명을 성취해 가는 사람들의 과정에 관한 것입니까?"와 같은 새로운 질문들을 묻고 있다.

제자들을 삼도록 그들을 무장시키라

사람은 제자가 되는 순간, 가서 더 많은 제자를 삼고 하나님을 모르는 사람들에게 나아가라는 명령을 받는다 마 28:19-20. 흥미롭게도, 우리의 모든 연구들은 그리스도 중심의 사람들이 교회가 전도를 강조하든지 혹은 안 하든지 상관없이 전도한다고 용기를 준다. 그들은 하나님으로부터 멀리 떠나간 사람들과 대화를 하고, 그들을 교회로 초청한다. 그들을 위해 기도해 준다. 그들이 자신의 삶에서 다음 발걸음을 내디딜 수 있도록 도우려고 노력한다. 그들은 주 예수 그리스도께서 부여하신 사명 즉, 하나님의 은혜에 대한 복음을 전파하는 임무를 완수하고 경주를 끝내지 못하면 인생은 아무런 의미가 없다는 바울의 고백 행 20:24 을 자신의 고백으로 삼는다. 우리가 희망하는 것은 이런 그리스도 중심의 사람들이 가서 제자를 삼을 수 있도록 더욱 지속적으로, 더욱 효과적으로, 그리고 더 강력한 자원을 지원함으로 그들을 무장시키는 것이다.

'무장'이란 의미는 사람들마다 다르게 해석될 수 있다. 어떤 사람들은 미성숙한 신자들을 제자로 이끌기 위해 훈련 받을 필요가 있다. 어떤 사람들은 효과적인 소그룹을 이끄는 법을 배워야 할 필요가 있다. 어떤 사람들은 위기를 겪어 쓰러진 이웃들이나 저소득층 가족들의 아이들을 위한 가방이나 교복들을 사서 입혀주는 데 필요한 자원이 필요하다. 어떤 사람들은 아프리카에 있는 HIV/AIDS에 걸린 고아들을 보살피며 교육해 주기 위해 보냄 받아야 할 필요가 있을 것이다.

교회의 전략적인 관점에서 보았을 때, 발견은 우리에게 사람들의 필요가 어떻게 변화되는지, 무엇이 신자들로 하여금 그리스도 중심의 삶을 향해 성장해 가도록 촉진시키는지의 세부적인 정보를 제공해 준다. 이러한 지식은 초점을 맞춘 전략의 개발로 이어지고, 사람들의 삶을 변화시키는 성령님의 사역과 더욱 협력하게 된다.

2 우리는 주중에 드리는 예배들을 '다음 단계'로 이끌어 주는 다양한 배움의 터로 변형시킬 필요가 있다

우리가 이루고 있는 두 번째의 큰 변화는 우리의 예배 형식의 구조에 크게 영향을 준다. 우리는 30년이 넘게 주말 예배를 모두가 이해할 수 있는 기초 수준의 기독교의 진리를 소개하기 위해 사용해 왔다. 그로 인해 우리의 핵심 신자들은 교회에 다니지 않는 그들의 친구들을 데려오기에 안전하고 믿을 만한 장소를 가질 수 있었다. 동시에 이 예배는 신자들에게 도전을 주기 위해 설계되어 왔다.

주말 예배에 참석하는 것과 더불어, 우리는 이미 그리스도를 따르기로 결정한 사람들에게 또 다른 예배에 참여하며 수준이 높은 성경공부에 참여하기 위해 주중에도 교회에 나오도록 격려했다.

이 아이디어는 당신이 영적 여정의 어느 지점에 있든지 상관없이 주말 예배나 주중 예배, 혹은 두 예배 모두에 참석하여 하나님을 경험하고 성경에 기초한 훌륭한 가르침을 받을 수 있는 기회를 갖는 것이다. 하지만 만약에 두 행사들이 정말 잘 치러졌는데도 불구하고 그 행사들이 당신의 영적 삶을 제대로 돌봐주지 못한다면 어떨까?

성경을 통한 가르침은 절대로 빈손으로 돌아오지 않는다. 우리는 그것에 대

> 발견은 우리에게 사람들의 필요가 어떻게 변화되어가는지와 같은 세부적인 정보를 제공해 준다.

give people more options

더 많은 선택권을 사람들에게 제공

해 논쟁하고 싶지 않다. 하지만 사람들을 그리스도 중심의 삶으로 이끄는 과정에서 촉진요소 역할을 가장 잘하는 것이 무엇인지에 대해 생각을 해 본다면, 현재 제공되고 있는 두 번의 교육시간보다 더 많은 선택권을 사람들에게 제공해야 한다는 확신을 갖게 될 것이다.

곧 우리의 주중 예배들은 달라질 것이다. 우리는 여전히 공적인 예배 시간을 갖겠지만, 모두가 동일한 가르침을 듣기보다는 다양한 종류의 작은 수업들이나 다른 교육 경험들로 세분화될 것이다. 어떤 수업들은 그리스도를 탐구하는 것에 초점에 맞춰 설계될 것이며, 이러한 수업들은 초신자들을 위한 정보와 경험들을 선보일 것이다. 다른 수업들은 주님과 나만의 시간(독거), 기도, 그리고 영적 일기쓰기와 같은 영적 훈련들에 대해 배우고 실천하도록 도와주는 것에 중점을 두게 될 것이다. 또 다른 수업들은 사람들을 기독교 신앙의 핵심적인 믿음의 기초를 세우는 목적으로 설계될 것이다. 여기서 중요한 것은, 모든 사람에게 기회가 주어질 것이라는 점이다. 그들이 영적 성장 단계 중에 그 어디에 위치한다 해도 상관없이 더욱 더 예수님처럼 되기 위해 배우고 성장하고 다음 단계를 밟을 수 있는 기회가 주어질 것이다.

각각 교육 기회에 맞춰 교육 과정이 개발되면, 우리는 최대한 많은 자료들을 모아 검색이 가능한 온라인 도서관에 올려 놓을 것이고, 특정한 수업에 참석할 수 없는 공동체의 지체들이 교육 받을 수 있기를 기대한다. 연구 결과는 사람들이 다음 단계로 이어지는 다양한 기회들을 최대한 효과적으로 활용하고 싶어 한다는 것을 확실하게 증명해 준다. 추가적으로, 우리는 참여자들에게 각각의 경험들이 영적 변화에 얼마나 도움이 되었는지 되돌아 보고 평가해 달라고 요청을 할 것이다. 언젠가 우리는 그들의 영적 여정의 적절한 지점에서 적절한 사람들을 위한 적절한 자료들을 추천할 수 있을 것이다.

3 영적 성장을 촉진시킬 수 있는 개별화된 경험과 자료들을 포함한 더 넓은 개념의 해결책들을 제공해 주어야 한다

우리가 실행하기로 동의한 세 번째 변화는 주말 예배와 주중 프로그램들을 뛰어넘어 그리스도 제자들의 모든 영적 성장 단계—그리스도를 알아감, 그리스도 안에서 성장함, 그리스도와 친밀함, 그리스도 중심—에서 영적 성장을 촉진시키고 장려할 수 있는 경험과 자원들을 제공해 주는 것이다.

사람들은 성장하고 싶어서 교회를 찾아간다. 그들은 그들의 삶에 무언가가 빠져 있다는 것을 인식하고, 그들이 더 갈망하는 무엇인가를 보고, 그 차이를 좁힐 수 있다는 소망을 가지고 우리 건물 안에 들어온다. 그들은 빈손으로 떠나기를 원치 않는다. 그 대신에, 그들은 자신이 변화되었고 앞으로 희망하는 목적지에 가까이 다가가기 위해 무엇을 해야 하는지에 대해 이제는 안다고 생각하면서 교회 문을 나서길 원한다. 우리는 우리 교회 문을 열고 들어오는 사람들이 이러한 목적을 가지고 온다는 것을 알고 있다. 우리는 또한 사람들이 매주 두 시간 정도를 교회에서 보낸다고 해서 이 목표가 달성되지 않을 것도 알고 있다.

사람들은 성장하고 싶어서 교회를 찾아간다.

두 가지 종류의 경험들

우리가 주말 예배들과 주중 교육 프로그램들과 관련한 경험들을 추천함에도 불구하고, 우리는 의도적이고 지속적인 형태로 제공되어야 하는 두 가지 종류의 경험이 있다고 믿는다. 공동체를 세우는 경험들, 그리고 그리스도처럼 섬김을 장려하는 경험들.

공동체를 세우는 경험들

그리스도인의 삶은 절대로 고독 속에 살아가도록 의도되지 않았다. 우리는 서로가 필요하다. 더 나아가, 우리는 삶의 변화가 성경적인 공동체라는 환경 안에서 가장 잘 이뤄질 수 있다고 굳게 믿는다. 하지만 성경적 공동체는 많은 형태들을 지니고 있으며, 어느 영적 성장 단계에 속한 사람이냐에 따라 필요한 형태들이 따로 존재한다.

한 예화가 이 점을 더 명확하게 설명해 줄 수 있을 것이다. 내가 기독교를 접한 지 얼마 안 됐을 때, 남들이 내 말을 들어주는 것과 내 질문들에 대한 대답을 해 주는 것이 나에게는 상당히 중요하게 느껴졌었다. 그 당시에 나에게 필요했던 공동체의 형태는 다른 남자들과 같이 진행되는 구조화된 성경공부였던 것이다. 아내와 결혼한 지 몇 년이 지난 후, 나는 다른 결혼한 커플들과 함께하는 소그룹에 참여함으로 나의 신앙을 새로운 관계 속에 적용하는 방법을 터득하는데 많은 도움을 받았다.

세월이 지나면서 나는 영적으로 더욱 성장하게 되었고, 그 결과 나는 다양한 소그룹의 리더 역할을 하게 되었다. 그리고 지금은 그리스도와의 관계에 있어서 더욱 성숙해 가는 가운데 나의 영적 성장에 도전을 주면서도 도움이 되는 공동체의 경험을 추구하며 동시에 20년 전에 찾아다녔던 모임보다는 훨씬 덜 조직화된 공동체를 찾는 경향이 있다.

과거의 윌로크릭교회의 리더들은 모든 사람들이 교회에서 편성해 준 소그룹에 참여해야 한다고 주장했었다. 그 주장에 대해 새로운 의견을 제시하고 싶다. 모두가 '공동체 안에' 속해야 하는 것은 사실이지만, 사람들의 영적 성숙도에 따라 그 공동체의 형태는 다를 수도 있다. 그리스도를 알아가는 단계에 속한 어떤 사람은 구도자를 위한 소그룹에 참여함으로써 도움을 받을 수 있는 반면, 어떤 사람은 영적인 친구와 연결될 필요가 있을지도 모른다. 그리스도 중심의 삶의 단계에 속한 사람은 매주 진행되는 성경공부 커리큘럼으로 조직된 공동체를 원할 수 있는 반면, 다른 사람은 "나는 깊은 관계를 가지고 내가 겪고 있는 어려움을 나누고 대신에 책임감 있는 상호관계와 지혜를 얻을 수 있는 관계 중심적인 모임을 원한다"고 말할 수도 있다.

멘토링 하기를 원하는 사람과 멘토링 받기를 원하는 사람들 모두를 연결시켜 주는 것은 교회에게 가능한 일이 아니다. 실용적이지도 않다. 하지만 수백 명의 그리스도 중심의 사람들에게 매년 소그룹에 참여하거나 리더로 섬기는 책임감을 없애 주는 대신, 자신들의 신앙 수준보다 낮은 사람들에게 손을 뻗어 주고 도와줄 수 있는 공동체를 위한 출구를 찾도록 교회가 장려한다면, 멘토링으로 인해서 일어나는 놀라운 일들은 상상할 수 없을 정도일 것이다. 이것은 우리가 '공동체 경험의 포트폴리오'라고 믿는 단지 하나의 예일 뿐이지만, 우리에게 자유와 성장을 가져다 줄 것이다.

release Christ-Centered people

그리스도 중심의 사람을
본질에 투자하게 하라

그리스도처럼 섬김을 장려하는 경험들

우리가 제공해 주고 싶은 두 번째 경험은 섬김 활동들과 관련이 있다. 윌로크릭은 항상 폭넓은 섬김의 기회를 제공해 왔다. 교회를 운영하는 데 있어 기본적으로 요구되는 필요를 채울 수 있도록 도와주는 교회 내의 기회로부터, 지역사회와 전세계적인 필요를 채워 주는 교회 밖의 기회까지. 또한 설문조사 결과, 윌로크릭 신자들이 가장 섬김을 지향하는 공동체로 밝혀졌다. 그러나, 섬김이 개인의 영적 성장을 얼마나 촉진시키는지에 대해 잘 알게 된 우리는, 섬김에 대해 더 많은 강조를 하기 원하며, 특히 도움이 필요한 자들을 섬기는 것이 중요하다는 것을 강조하고 싶다.

핵심 가르침들을 강화시키는 자료들

경험들과 더불어 우리는 자료를 제공해 줄 필요가 있다. 지난 10년 이상 우리는 매주말, 그리고 주중 설교들을 우리 홈페이지에 업로드 하기 쉽게 디지털 포맷 방식으로 저장해 왔다. 교회 서점에는 한 사람이 그리스도를 알아가는 단계에서 그리스도 중심의 단계까지 변화되도록 이끌어 줄 수 있는 유용한 책들이 많이 꽂혀 있으며, 실제적인 소그룹 훈련 교재들과 수백 가지의 DVD들이 수두룩하게 쌓여 있다.

우리는 현재 우리가 가지고 있는 모든 자원들의 목록을 영적 성장에 도움을 주는 단계에 따라 분류하는 과정에 있다. 예를 들어, 그리스도를 알아가는 단계에 속한 사람을 그리스도 안에서 성장하는 단계로 이끄는데 변화1 가장 도움이 될 만한 자원들이 무엇인지 선정하고 싶은 것이다. 자료들을 이렇게 정리하고 소개한 다음에는 자료를 사용한 사람들에게 영적으로 성장하는데 실제적으로 얼마나 도움이 되는지에 대해 평가를 해 달라고 요청을 할 것이다. 시간이 지난 후, 우리가 얻은 피드백을 바탕으로 권장했던 자료들을 재점검할 것이다.

이러한 계획들을 이행하기 위해서는 우선 디지털 기반시설을 개선하는데 많은 비용을 투자해야 할 것이다. 하지만 하나님께서 초청하는 곳으로 사람들을 이끌어갈 수 있도록 돕기 위해 그들이 들어야 할 다음 단계의 메시지나 읽어야 할 다음 단계의 책들을 소개할 수 있다면, 요구되는 다음 설교 내용이나 책들을 소개할 수 있다면 그만한 투자 가치는 있다고 본다.

♦ ♦ ♦

만약 당신이 체제의 변화만 바라본다면, 윌로크릭의 새로운 접근법이 그다지 중요해 보이지 않을 수도 있다. 수십 년 동안 대부분의 교회들은 신자들을 위해 한번의 주말 예배를 드려왔으며, 성경과목을 가르쳤고 다양한 경험과 자원들을 제공해 왔다. 그렇다면 무엇이 그리 대단한 것인가?

윌로크릭에게는 이러한 변화들이 체제에 관한 것만이 아니기 때문에 상당히 중요하다고 본다. 이러한 변화들은 의도적이고 혁명적인 성격을 띠고 있다. 우리가 하는 모든 것마다 영적 변화를 일으키며, 이로써 예수 그리스도께 온전하게 헌신하는 제자를 만드는 우리의 사명을 성취할 수 있도록 한다는 확신이 있다. 나는 앞으로 다가올 날들을 통해 발견하게 될 것들을 나눌 생각만 하면 신이 난다. 그리고 이것은 아직 시작에 불과하다.

이러한 변화들이 체제에 관한 것만이 아니기 때문에 상당히 중요하다.

우리 연구의 종합적인 결론

최근 몇 달 동안 나는 목회자들에게 이 질문을 가장 많이 받았다. "당신의 연구를 통해 발견한 것들 중, 가장 중요한 발견은 무엇이라고 생각합니까?" 그리고는 숨을 멈춘 상태로 나를 쳐다보며 긴장된 상태로 나의 대답을 기다린다. 마치 고통도 없고 힘들지도 않게 그들의 교회를 단숨에 고쳐버릴 수 있는 주문을 기다리는 듯 말이다. 그러기에 나의 대답은 언제나 그들에게 작은 실망감을 안겨주는 것 같다.

"글쎄요, 제가 아까 언급했듯이 연구 결과는 우리가 그리스도 중심의 단계에 속한 사람들을 더욱 무장시키는 것에 더 집중해야 하고, 모든 사람들이 성경에 더 가까워지도록 도울 필요가 있다고 분명하게 지적하고 있습니다."

"하지만 당신의 질문에 대한 더욱 심오한 답이 있습니다." 나는 이어서 대답한다. "우리의 연구 결과들 중, 가장 큰 발견은 바로 하나님께서는 말할 것도 없이 우리를 사랑하신다는 것입니다. 바로 그것입니다. 하나님께서 우리를 사랑하십니다! 그리고 성령님은 우리를 그분께 더욱 가까이 이끌고 계십니다. 가끔

캘리 파킨슨 | **발견** 연구의 다음 계획은 무엇인가?

2007년에 발견 데이터베이스는 일곱 개 교회에 소속된 5천 명이었다. '나를 따르라'의 연구 결과는 200여 교회에 속한 8만 명의 사람들을 대상으로 한 조사에 기초한 것이며, 현재 '발견' 데이터베이스는 500여 교회에 속한 15만 7천 명이다. 우리의 처음 연구 결과들은 추가된 데이터베이스를 통해 더욱 더 검증되었으며 다양성과 깊이 면에서 더욱 풍성해졌다. 발견의 영적 삶 설문조사에 참여한 500여 교회들이 신자들에 대한 새로운 통찰을 얻게 됨으로 더욱 풍성해졌기를 우리는 소망한다.

just the beginnig
시작에 불과하다

우리는 그 동안 먼 길을 왔지만, 그럼에도 불구하고 이것은 시작에 불과하다는 것을 깨닫게 되었다. 우리가 지금 영적 삶 설문조사가 가지고 있는 능력과 잠재력에 대해 알고 있는 지식은 빙산의 일각에 불과하다고 생각한다. 우리가 앞으로 탐구하고 싶은 연구 항목들 중 몇 가지는 다음과 같다.

'각 영역의 베스트' 교회들
우리는 모든 교회가 영적 성장을 가장 효과적으로 진척시키는 교회들에게서 서로 배울 수 있도록 돕는 꿈을 가지고 있다. 앞으로 진행될 '발견' 이벤트들과 제공될 자원들은 '각 영역의 베스트' 교회들의 활동들과 과정에 대해 얻은 연구 결과일 것이다. 이벤트와 자료에 대한 더 자세한 정보는 발견 홈페이지를 통해 얻을 수 있다. www.revealnow.com

빠져 있는 변화
근본적으로 무엇이 사람들을 하나님에게 이끄는가? 3장에서 우리는 '빠져 있는 변화'가 존재한다는 것을 인식했으며, 이것은 하나님과 멀리 떨어진 단계에서 그리스도를 알아가는 단계로 넘어가는 것을 가능케 하는 변화transition. 훗날 우리는 교회에 다니지 않는 사람들의 의견을 수렴해 신앙의 첫걸음을 가장 효과적으로 촉진시키는 영적 촉진 요소가 무엇인지 밝혀내고자 한다.

학생들
왜 그렇게 많은 젊은이들이 고등학교를 졸업한 후에는 신앙을 잃는 것일까? 우리는 중학생들과 고등학생들의 영적 성장 경험들을 더욱 잘 이해하게 되어, 그들이 집을 떠나기 전에 신앙을 견고하게 세울 수 있는 최선의 방법을 찾기를 원한다.

기독교 공동체
발견 설문조사 결과를 통해 우리는 기독교 공동체가 영적 성장에 어떤 영향을 주는지에 대해 온전히 이해하기 위해 노력해 왔다. 현재까지 우리의 분석에 의하면 영적 믿음, 개인적인 습관들, 전도나 섬김 같은 활동들이 영적 성장을 촉진시킨다는 것을 알게 되었다. 우리는 질적인 것과 양적인 것 모두에서 기독교 공동체의 역동성이 영적 여정 가운데 변화를 도와주는 이러한 촉진요소들과 어떤 연관이 있는지에 대해 깊이 이해하고자 한다.

장기적인 목표들
우리의 장기적인 목표 가운데 하나는 이 사역을 국제적으로 확장하는 것이다. 그러기 위해서는 더욱 많은 경험을 쌓아야 할 것이다.

또 하나의 장기적인 목표는 지속적으로 일정한 시간마다 똑같은 사람들에게 똑같은 기준을 가지고 설문조사 하는 장기간의 연구이다. 오랜 기간 동안 개개인들의 영적 성장 경험들을 기록함으로써, 영적 촉진요소들과 영적 변화 사이에 존재하는 인과관계를 더 잘 이해하고자 한다. 이상적으로, 우리는 특정한 시간에 많은 사람들을 대상으로 진행된 설문조사 결과들보다는 특정한 사람들의 영적 성장의 과정들을 추적함으로써 영적 운동에 대한 더 정확한 이해력을 갖기를 원한다 부록 2, "연구의 조사 방식과 방법론", 144쪽 참고. ♦

나를 따르라

a very good thing
매우 좋은 현상

은 지역 교회의 도움을 통해 역사하시기도 하지만, 대부분의 경우 지역 교회의 약점에도 불구하고 역사하십니다."

나는 우리 팀이 다양한 종류의 교회들에 대해 연구를 했다고 설명을 계속해 왔다. 소형과 대형교회, 구도자 중심과 그렇지 않은 교회, 교단에 속한 교회와 독립교회 등. 하지만 이렇게 다양한 교회들 속에서 우리는 면면히 흐르는 공통점 하나를 발견했다. 모든 회중 속에는 의에 배고프고 목마른 사람들이 존재하고, 하나님을 온 마음과 지성과 힘을 다하여 사랑하는 사람들이 존재하고, 예수님의 발 앞에 엎드려 "주님께서 원하시는 대로 저를 사용하소서. 그것이 무엇이든지 간에 저는 이미 주님의 것입니다"라고 고백하는 사람들이 존재한다. 종이 위에 적힌 데이터들로는 측정이 불가능하다는 것을 느낄 수 있을 것이다. 이것은 매우 좋은 현상이다.

하지만 동시에 우리는 각 개인들의 영적 성장에 광범위한 효과적인 시스템과 훈련을 가진 교회들을 목격한 반면에, 사람들이 그리스도를 닮아 변화되도록 촉진시키는 일에 효과적이지 못한 많은 교회들도 목격했다.

> 성경이 주장하는 대로, 우리를 향한 하나님의 어리석은 것 같은 사랑이 온전한 진실이다.

그러므로 나는 한가지의 결론밖에는 내릴 수가 없다. 그것은 성경이 주장하는 대로, 우리를 향한 하나님의 어리석은 것 같은 사랑이 온전한 진실이라는 것이다. 사람들이 위대한 교회에 속해 있든지, 좋은 교회에 속해 있든지, 아니면 갈등을 겪고 있는 교회에 속해 있든지 상관없이, 수많은 사람들이 그리스도와의 깊은 친밀함을 경험하기 원하는 것을 항상 목격하고 있다. 하나님께서는 누군가가 출석하고 있는 특정한 교회의 도움을 받든지 안 받든지 상관없이 적극적으로 역사하고 계신다. 그분은 우리들 중 단 한명도 잃고 싶어 하지 않으신다.

결국, 우리 연구 결과의 종합적인 결론은 도표들, 그래프들, 그리고 분석들로 구성된 또 하나의 세트가 아니라는 것이다. 물론 그런 것들이 도움이 될 수 있다. 근본적으로 이 연구는 사랑에 관한 것이었다. 근본적으로 이 연구는 자신의 백성들을 믿을 수 없을 만큼 사랑하셔서 우리로 하나님과 하나 됨을 경험하고, 이 세상에서 하나님의 구속적 사역을 완성하는 일에 우리를 동역자 삼으시기 위해 어떤 값을 치러서라도 결국은 이루실 하나님의 이야기에 집중되어 있다.

진실된 변화는 당신을 통해 시작된다

당신이 만약 이 연구 결과를 진지하게 받아들인다면—만약에 이 책을 꼼꼼히 읽고, 자신이 속한 교회가 영적 삶 설문조사 도구2)를 통해 설문조사 받도록 하고, 발견한 그 결과를 가지고 대화를 하고 있다면—당신은 교회 안에서 당신이 다르게 해야 할 일이 무엇인지 깨닫게 될 것이라고 나는 믿는다. 성령님께서 당신에게 말씀하시고 당신이 처한 특정한 상황에서 무엇을 해야 할 것인지를 판단할 수 있게 하실 것을 나는 확신한다.

하지만 나는 리더인 당신이 자신의 영적 성장에 관한 문제들을 진지하게 받아들이지 않는 한, 진정한 변화가 공동체 내에 이루어지지 않을 것이라고 또한 믿는다. 거대한 변화의 한 가운데서도 왕성하게 성장하는 교회의 목회자 수백 명과 대화를 하면서, 우리는 강력한 자기 관리 리더십이 그들의 성공의 열쇠라는 사실을 확신하게 되었다.

강력한 자기 관리 리더들은 당당하게 자기자신을 평가하며 다음과 같은 난해한 질문에도 담대하게 대답한다.

1. 나는 현재 어디에 있는가?

2. 나는 어디에 있고 싶어 하는가?

3. 앞으로 나에게 일어날 일들은 무엇인가?

그들은 자신들이 나아가야 할 다음 단계를 이해하며, 자신들의 바쁜 삶 속에서 어떤 것을 최우선순위에 둘 것인지를 기도하며 하나님과 씨름하고, 마땅히 해야 할 일을 행함으로 그리스도께 항복하고 헌신하는 사람들이 되어 간다.

나는 우리가 교회들을 개선하도록 돕는 다음 단계의 적합한 절차들을 밟을 것이라고 확실하게 믿는다. 목사인 나 자신에게도 묻는 질문은 '우리의 영혼들

---

2) 더 자세한 사항은 부록 4, "발견, 영적 삶 조사란 무엇인가?"(156쪽) 참조.

을 위해 적합한 다음 단계를 내가 밟을 수 있을 것인가?'와 '개인적으로 내가 반드시 해야 한다고 아는 그 다음 단계를 진정 실행으로 옮길 수 있을 것인가'에 대한 것이다.

오늘 당신이 그리스도께 더 가까이 나아가기 위해 해야 할 다음 단계는 무엇인가? 당신의 마음을 붙들고 있는 어떤 것을 내려놓기 위해 해야 할 다음 단계는 무엇인가? 그리스도만을 섬기기 위해 당신의 정신을 하나로 묶을 수 있는 다음 단계는 무엇인가? 당신을 위해 준비한 하나님의 계획을 따르기 위해 기꺼이 각성할 준비가 되었는가?

당신을 위해 준비한 하나님의 계획을 따르기 위해 기꺼이 각성할 준비가 되었는가?

예수님과 얼굴과 얼굴을 마주대함

내 아이들에게 읽어 준 어린이 책들 중에 하나가 성경에 나오는 바디메오 Bartimaeus 란 소경에 관한 이야기였다. 어느 날, 예수님은 도시를 걷고 있었고 바디메오는 무슨 일이 일어나는지 볼 수가 없었다. 그는 군중들의 큰 고함소리를 듣고 뭔가 큰 일이 벌어지고 있음을 알게 된다. 바디메오는 최대한 목청을 높여 사람들에게 무슨 일이 일어나고 있는지를 물었고 사람들은 그에게 이렇게 말해 주었다. "예수님이 오신다! 예수님이 오신다!"

군중들의 외치는 소리가 절정에 이르자, 바디메오는 예수님께 크게 외쳤다. "와서 날 도와주시오! 제발… 날 도와주시오!"

예수님이 바디메오에게 다가가 그를 회복시켜 주자, 바디메오는 한때 멀었던 두 눈으로 햇빛, 시골길, 그리고 그의 주변에서 환호하며 소리치던 무리들을 보게 된다. 그리고 마침내, 바디메오는 예수님을 본다.

나는 이 부분을 읽으면서 울기 시작했다. 그 이유는 바디메오처럼 되고 싶기 때문이다. 바디메오처럼 예수님과 가까이 있어, 앞을 보는 순간 예수님과 얼굴과 얼굴을 맞대고 보았으면 한다. 나는 예수님의 시선을 받고 그분의 기뻐하시는 모습을 보고 싶다. 나는 그분 옆에 있다는 것은 모든 것이 잘될 것을 의미한다는 것을 다시 기억하고 싶다. 나는 괜찮을 것이다. 나의 교회는 괜찮을 것이다. 나의 결혼생활은 괜찮을 것이다. 내 아이들은 괜찮을 것이다. 내가 그분과 가까이 머무는 한, 내 모든 인생은 괜찮을 것이다.

　이것이 우리 회중들도 원하는 바라고 나는 생각한다.

　그리고 이 모든 것은 우리의 눈이 처음으로 보게 되면서 시작된다.

　이것은 위대한 교회를 짓는 것에 관한 것이 아니다. 이것은 위대한 교회를 세우는 것에 관한 것이다. 우리는 그리스도와 완전하게 동행하는 여정에, 그리고 그분께 가까이 다가가는 여정에 사람들을 초대하고 있다. 그 여정은 기도와 찬양, 예배를 통해 그분을 찾아가며, 그의 얼굴을 분명하게 바라보고 그분의 입술로부터 나오는 말씀을 깨달아 알아가는 것이다.

빌 하이벨스

맺는 말 :
그리스도 중심의 전략을 추구하라

2004년, 윌로크릭의 사역자인 그렉 L. 호킨스Greg L. Hawkins와 캘리 파킨슨Cally Parkinson, 그리고 연구 고문인 에릭 안슨Eric Arnson이 윌로크릭의 구조적이며 체계적인 모습에 영향을 미칠 수 있는 신자 전체를 대상으로 한 상세한 설문조사를 하자고 제안했다. 그들의 계획은 현재 우리가 사람들의 영적 성장에 얼마나 도움을 주고 있는지 혹은 못하는지에 대해 평가하기 위해서 신자 전체에게서 정보를 모으는 것이었다. 이러한 연구 이면에 무엇이 기다리고 있는지에 대해 아무런 생각이 없던 나는 하나님께서 우리들에게 이 일을 하도록 이끄셨다고 믿었다. 그래서 우리는 계약에 사인을 했다.

'교회를 더욱 잘 운영'하는 것과 우리가 배운 것을 더 큰 교회 공동체와 함께 나누는 것은 우리의 DNA 안에 있다. 하나님께서 윌로크릭에게 무엇인가를 축복하실 때, 우리는 그분에게 영광을 돌리고 관심 있는 교회 리더들에게 그 이야기를 전한다. 무엇인가를 시도를 하다가 비참하게 실패했을 경우에 우리는 우리가 치러야 했던 대가를 다른 교회가 치르지 않도록 하기 위해 리더들에게 미리 경고하려고 한다. 우리의 투명성에 대해 감사하게 여긴다는 말도 들었다.

윌로크릭이 사람들을 그리스도에게 온전히 헌신하도록 이끄는 방법을 개선할 상당한 여지가 있다는 것을 설문조사 결과를 통해 알게 되었을 때, 우리는 더 넓은 하나님의 나라를 위해 우리가 발견한 것들을 책으로 출판했으며, 소매를 걷어 부치고 일하러 나갔다. 몇몇의 블로거들이 곡해하는 글을 써서 우리의 발견에 대해 선정적으로 보도하고 있었을 때, 우리는 하나님의 인도하심을 구하며 어떻게 하면 더 효과적으로 초신자들을 그리스도 중심의 삶으로 이끌 수 있을지에 대해 고민하느라 바빴다.

지난 몇 년을 통해, 하나님은 여러 가지의 새로운 전략들을 실행하도록 이끌어 주셨으며, 그 전략들의 모든 동기는 항상 변함이 없었다. 비종교적인 사

맺는 말

람들을 온전히 헌신된 그리스도의 제자로 변화시키는 것. 33년 전, 지금의 윌로크릭교회를 탄생시킨 젊은이 사역에서는 하나님으로부터 멀리 떨어진 사람들에게 접근할 수 있는 가장 좋은 방법이 그리스도 중심의 고등학생들에게 자신의 신앙의 진실을 또래 친구들에게 나눌 수 있도록 격려해 주고 무장시켜 주는 것이라고 생각했었다. 그래서 우리는 그 계획대로 행했다.

발견을 통해 우리가 배운 것을 살펴보면, 앞서 언급한 전략이 하나님으로부터 멀리 떨어진 사람들에게 접근하는 데 가장 효과적인 방법인 것으로 드러났다. 우리가 원래 가졌던 동기가 확증됨에 따라, 우리는 기도, 관계 형성, 복음 전도구도자 우호적인 이벤트를 포함하여 훈련을 강화함으로 그리스도 중심의 사람들의 역할을 강화시키는 일에 새롭게 헌신하게 되었다.

현재 윌로크릭에는 대략 4천 명 정도의 사람들이 마음과 지성, 육신과 영혼 모두를 하나님께 사로잡혔다고 주장한다. 연구 자료들은 그들이 다른 사람들보다 더 많이 기도한다는 것을 입증해 준다. 그들은 다른 사람들보다 더 많이 섬긴다. 그들은 다른 사람들보다 더 많이 기부한다. 그들은 다른 사람들보다 더 많이 전도한다. "더 이상은 나의 꿈과 계획, 또는 직업에 관한 것이 아니다. 더 이상 나의 삶을 나만의 것이라고 생각하지 않는다. 그리스도에게 모든 것을 내려놓는 것이다. 계속, 계속."

인간적으로 말해서, 이런 일들이 윌로크릭 주변에서 일어나도록 한 것은 사람들이다. 아마 당신이 속한 교회에서도 이런 일이 일어나도록 한 것은 사람들일 것이다. 발견 연구 내용들 중 리더인 나에게 깊은 인상을 심어 준 내용이 있다면 바로 이 내용이다.

우리는 그리스도 중심의 사람들의 역할을 강화시키는 일에 새롭게 헌신하게 되었다.

> 만약 교회가 그리스도 중심의 사람들의 열정과 참여를 활용하고 지지하지 않는다면, 그들은 망할 것이다.

하나님이 아니라 교회인 우리들에게, 그리스도 중심의 삶을 추구하는 것에 대해 명백하게 지지하지 않는 교회들에게 해당하는 말이다.

누가 그런 것을 원한다고 하겠는가?

의심할 여지없이 우리는 다가오는 수년 수개월을 그리스도 중심의 사람들을 지원한다는 것이 무엇을 의미하는지에 대해 탐구할 것이다. 그런데 두 가지 사실은 분명하다. 첫째, 우리는 그리스도 중심의 사람들에게 기독교를 심각하게 받아들이는 것이 미친 짓이 아니라는 것을 상기시켜 줘야 한다. 그들은 우리의 삶을 산 제물로 드리는 것이 그리스도인의 삶의 일상이라고 가르치는 성경 말씀을 되새길 필요가 있다.

> 지역 교회의 최고의 순간은 아직 우리 앞에 놓여 있다.

둘째, 그리스도 중심의 사람들은 자원을 필요로 한다. 그들은 활발하게 관계를 형성하고, 복음을 나누고, 친구들에게 기독교를 알아가도록 돕고 있다. 그들은 자신을 향해서는 죽고 그리스도께서 그들을 부르신 삶에 대해서는 겸손하게 실천하는 법을 점점 더 배워가고 있다. 그런데 이들 중 많은 사람들은 "우리가 도움을 좀 받을 수 있을까요?"라고 묻고 있다. 우리 교회 지도자들은 그리스도인으로서 받은 그들의 소명을 잘 감당할 수 있도록 필요한 자원과 기회, 도구들을 제공해 줌으로 그들이 무거운 짐의 상당부분을 덜어줄 수 있다. 우리가 만약 그리스도 중심의 삶의 비전을 담대하게 선포하고, 어떤 값을 치르든지 우리 신자들이 이러한 삶을 살아가도록 무장시킨다면, 하나님으로부터 멀리 떨어져 살아가는 사람들에게 끼치는 영향은 전례 없이 강력할 것이라고 나는 믿는다.

나는 교회 지도자들이 신자들의 영적 건강에 대한 진실을 모색할 수 있는 열정과, 필요한 변화들을 일으킬 만한 용기를 갖게 되는 그날을 꿈꾸고 있다. 나는 이러한 변화가 세계 곳곳에서 일어나기 시작했다는 것을 느낄 수 있다. 이것은 지역 교회의 최고의 순간은 아직 우리 앞에 놓여 있고 지옥의 문들은 점차적인 후퇴를 할 준비를 해야 할 것이라는 나의 믿음을 뒷받침해 주고 있다.

빌 하이벨스
윌로크릭커뮤니티교회, 창립목사 겸 담임목사
윌로크릭협회, 이사장

FOLLOW ME

부 록

부록 **1**

발견REVEAL이란 무엇인가?

영적 여정에 관한 조사에 기초한 견해

발견REVEAL은 500개가 넘는 교회에 속한 15만 7천 명의 신자들을 대상으로 한 설문조사에서 얻은 데이터를 가지고 영적 여정이 어떻게 이루어지는지를 입증한 조사에 기초한 견해다.[1] 발견의 차별성은 사람들의 영적 태도, 필요, 동기가 어떻게 영적 행동과 연계되는지, '보이지 않는 것을 수치로 측정' 했다는 것이다. 발견은 영적 성장의 네 단계 그리스도를 알아감, 그리스도 안에서 성장함, 그리스도와 친밀함, 그리스도 중심로 구성된 영적 성장 과정을 밝힌다. 그러나 발견의 더 큰 가치는 여정 가운데 변화를 일으키는 것이 무엇인지 보여 주는 통찰력에 있다. 예를 들어, 영적 성장 과정의 각 단계에서 어떤 교회 활동, 믿음, 영적 훈련이나 활동 복음 전도, 섬김 등이 영적 성장에 가장 큰 영향을 끼치는지에 관한 통찰력 말이다.

책

2007년에 출판된 책인 『발견REVEAL : 당신은 지금 어디에 있는가?』는 일곱 교회에서 작성된 5천 개의 설문지를 가지고 얻은 초기의 연구 결과에 대해 설명한다. 『나를 따르라Follow ME : 당신을 위한 다음 단계는 무엇인가?』는 영적 성장 과정의 변화에 가장 큰 영향력이 있는 영적 촉진요소가 무엇인지 설명함으로 영적 성장 과정의 네 단계에 관한 이전의 연구 결과를 한 단계 발전시키고 있다. '나를 따르라'의 연구 결과는 200개 이상의 교회에서 작성한 8만 개의 설문 데이터에 근거하고 있다.

영적 삶 조사

영적 삶 조사는 지역교회들이 신자들의 영적 건강 상태를 평가하는데 사용할 수 있는 조사 도구다. 영적 삶 조사의 목표는 일반 기업에서 사용되는 최고에 버금가는 조사 도구를 싼 가격에 교회 지도자들에게 제공하는 것이다.

---

1) 더 자세한 정보와 발견의 간략한 역사에 대해 알고 싶다면 www.revealnow.com 을 방문하라.

부록 ❷
연구의 조사 방식과 방법론

이 프로젝트는 하나의 간단한 질문과 함께 시작되었다. 과학적 조사가 과연 우리가 영적 성장이 어떤 것인지 이해하고, 그것을 측정할 수 있도록 도와줄 수 있을까? 바꿔 말하면, 소비자 태도와 행동을 측정하기 위해 시장에서 사용하는 조사 도구가 신자들의 영적인 믿음과 행동을 측정하기 위해 지역 교회에 의해 사용될 수 있을까? 우리는 그 질문에 '그렇다'라고 믿었다.

우리는 4년간, 500개 이상의 교회들과 15만 7천 개의 개인 설문 데이터를 가지고 우리의 연구를 다듬었다. 우리의 연구는 아직도 초보 단계이지만, 설문 조사 도구는 교회 지도자들을 위해 근거가 확실하고 값진 통찰력을 제공할 수 있음을 검증 받았다고 우리는 확신한다.

아래는 우리의 조사 방식과 방법론에 대한 간결한 개요다.

조사 방식

우리의 조사 방식은 세 가지의 핵심적인 영역과 그 영역에 관련된 질문들에 집중했다.

- **단계:** 교회가 섬기기 위해 찾고 있는 사람들의 그룹/단계는 무엇인가?
- **필요:** 영적 성장의 필요 가운데 각 단계에서 충족된 것은 무엇이고, 충족되지 않은 것은 무엇이며, 전혀 충족되지 않은 것은 무엇인가?
- **동력과 장애물:** 영적 성장의 동력은 무엇이며 장애물은 무엇인가?

이 세 가지는 우리가 수집한 정보들을 조직화할 수 있는 구조를 제공해 주었다.

방법론

대체적으로 연구 방법론에는 두 가지 종류가 있다. 질적 연구와 양적 연구. 우리는 질적인 방법과 양적인 방법을 둘 다 사용했다. 자료를 살펴보기 위해 분석적 기술과 과정들을 사용했다.

질적 조사 | 통찰력을 모으기

이것은 전형적으로 일 대 일의 과정으로 조사자가 한 사람에게 질문을 던진다. 이 질문들은 단순히 정보와 의견만을 얻기 위해서가 아니라 주제와 관련해 이면에 존재하는 감정과 동기를 알기 위한 것이다. 조사자는 가설과 믿음, 태도, 동기들을 명확하게 밝히기 위해 질적인 자료를 활용한다. 질적 연구는 종종 처음 단계에서 시행되는데, 이는 조사자가 양적 도구에 사용될 언어들을 정밀하게 조정할 수 있도록 해 주기 때문이다.

양적 조사 | 통계적인 신뢰도를 확립하기

이 과정에서는 많은 사람들에게 배포되는 상세한 설문지를 활용한다. 설문은 전형적인 객관식이며 참가자들은 각 질문에 적힌 답변 가운데 가장 알맞은 답변을 선택한다. 양적 조사는 방대한 양의 자료를 수집하는데, 그 자료는 더 큰 모집단에게 일반화시킬 수 있으며, 2개 혹은 2개 이상의 그룹과 직접적인 비교를 할 수 있도록 허용한다. 또한 통계학자가 상당한 유연성을 가지고 결과를 분석할 수 있도록 해 준다.

분석적 과정과 기술 | 통찰과 결론을 이끌어내기

양적 조사에는 정보와 경험에 근거한 통찰과 정보를 찾기 위해 자료를 처리하도록 디자인된 분석적 계획이 뒤따른다. 우리의 세 가지 연구 단계에는 세 가지의 일반적인 분석적 기술을 사용했다.

- **상호 관계 분석:** 두 가지 변수가 관련이 있는지, 있다면 얼마나 많이 관련이 되었는지를 측정한다. 이것은 한 변수가 다른 변수의 원인이라는 뜻은 아니다. 그 둘은 비슷한 형식의 움직임을 따르고 있다는 의미이다.
- **차별적 분석:** 어떤 변수가 두 가지 또는 그 이상의 그룹들 간의 차이를 가장 잘 설명하는지 결정한다. 이것은 그 변수들이 그룹들 사이 차이를 유발시킨다는 뜻이 아니다. 그 변수들은 한 그룹을 다른 그룹과 구별하게 만든다는 의미이다.
- **회귀 분석:** 변수들 사이의 관계를 조사하는데 사용한다. 이 기술은 하나의

조사자는 가설과 믿음, 태도, 동기들을 명확하게 밝히기 위해 질적인 자료를 활용한다.

특정한 또는 의존 변수의 변화가 하나 이상의 독립 변수에 의해 야기되는지 아닌지를 결정짓기 위해 활용된다.

우리는 2004년에 특별히 윌로크릭교회에만 집중적으로 조사했을 때나 2007-2008년도에 수백 개 교회들을 포함해 조사했을 때에도 질적 조사와 양적 조사, 두 가지 방법을 같이 사용했다. 우리가 최근에 실시한 연구에서 사용된 방법론의 요약은 아래와 같다.

질적 단계 (2006년 12월)
- 68명의 신자들과의 일 대 일 인터뷰. 우리는 영적 성장의 가장 성숙한 단계에 있는 사람들을 특별히 모집했다. 우리의 목표는 설문의 항목을 개발하기 위해 도움을 줄 언어와 통찰력을 얻는 것이었다.
- 인터뷰의 시간: 30-45분
- 15개의 주제에 집중. 주제에는 영적 삶의 역사, 교회 배경, 개인 영적 훈련, 영적 태도와 믿음 등이 포함되었다.

양적 단계
1단계 (2007년 1-2월)
- 지역, 크기, 인종과 체제가 다른 7개의 교회들을 대상으로 실시한 이메일 설문조사
- 4,943개의 완성된 설문지가 수거되었다.
- 다음과 같은 주제를 포함하는 53세트의 질문들을 사용했다.
  - 기독교에 대한 태도와 개인의 영적 삶
  - 성경을 읽고, 기도하며, 영적 일기를 쓰는 빈도에 대한 진술문을 포함한 개인 영적 훈련들
  - 영적 성장에서 교회의 역할에 대한 만족도
  - 영적 성장에 관련된 특정 교회의 특징에 대한 중요도와 만족도 예: 성경 말씀을 더욱 깊이 이해할 수 있도록 돕는다.
  - 주말 예배, 소그룹, 청소년 사역, 섬김과 같은 교회 활동에 대한 참여도와 만족도

2단계(2007년 4-5월)

- 지역, 크기, 인종과 체제가 다른 25개의 교회들을 대상으로 실시한 이메일 설문조사
- 15,977개의 완성된 설문지가 수거되었다.
- 1단계 조사를 근거로 수정된 질문들을 사용했다.

3단계(2007년 10-11월 그리고 2008년 1-2월)

- 17개국에 있는 91개의 교회들을 포함한 지역, 크기, 인종과 체제가 다른 487개의 교회들을 대상으로 실시한 이메일 설문조사
- 136,547개의 완성된 설문지가 수거되었다.
- 2단계 조사를 근거로 수정된 질문들 사용했다.
  - 그리스도인의 삶 프로파일 평가 도구 훈련 키트 The Christian Life Profile Assessment Tool Training Kit[1]에 나오는, 핵심적인 기독교 신념과 훈련에 대한 27개의 진술문을 포함하는 확장된 설문지
  - 주말 예배, 소그룹, 어린이와 청소년 사역, 섬김을 경험하는 것과 연관된 특정한 활동에 대한 중요도와 만족도를 추가.

분석 과정과 자료

연구의 각 단계는 통계학자와 조사 전문가들이 실행한 분석 과정을 포함하고 있다. 이 계획에는 상호관계 분석, 차별적 분석, 회귀 분석 등의 많은 분석적 기술들을 활용했다. 이 책의 영적 요소들의 예측 가능성에 대한 우리의 관찰은 본래 광범한 차별적 분석에서 얻어진 것이다. 우리의 분석적 과정의 이해를 돕기 위해, 우리의 조사에 대한 철학적 본질에 대해 다음 세 가지 요점으로 설명한다.

> 1. 우리 조사는 때 맞춰 찍은 한 장의 스냅 사진이다.

이 연구는 스냅 사진처럼 의도적으로 선정한 한 시점에 이루어졌기 때문에, 하나의 단계를 다른 단계로부터 예를 들어, 그리스도와 친밀함을 그리스도 안에서 성장함과

---

1) Randy Frazee, 『그리스도인의 삶 프로파일 평가 훈련 자료』(Grand Rapids, Mich.: Zondervan, 2005)

구별되게 하는 말씀 묵상과 같은 하나의 주어진 변수가 존재하는지 확실하게 단정짓는 것은 불가능하다. 그런 목적을 성취하려고 하면 동일한 사람들의 영적 성장을 일정한 기간 동안 장기적인 연구 평가해야 할 것이다

그러나, 그리스도 안에서 성장함 단계에 비해 그리스도와 친밀함 단계에서 성경 말씀을 묵상하는 정도가 증가한 사실은, 말씀을 묵상하는 것이 이 단계 사이 변화 2에서 영적 변화에 영향을 준다는 것을 암시한다. 주어진 변수가 영적 변화의 '원인'이 된다고 결정적으로 단정지을 수는 없지만, 차별적 분석을 통해 그 두 단계 사이를 차별화하는 가장 결정적인 요소들을 식별할 수 있다. 그래서 우리는 연구 결과들로부터 그 특정 요소가 더 '예측 가능'하고 결과적으로 영적 성장에 더 영향을 미친다고 추측한다.

우리의 최종 목표는 영적 성장의 인과관계를 더 분명하게 이해하도록 동일한 사람들을 대상으로 여러 시점에서 측정하는 장기적인 연구다. 그러나 그렇다 할지라도 우리에게는 아직도 배워야 할 것이 많이 남아 있고, 영적 형성에 대해서는 결코 이해할 수 없는 영역이 남아 있을 것을 안다. 오늘 우리가 측정하는 태도와 행동들이 영적 형성을 정의하는 것으로 오해되어서는 안 된다. 오히려 성령께서 우리를 빚어가기 위해 우리의 마음을 여는 도구로 여겨져야 할 것이다.

2. 이 연구의 목적은 지역 교회들에게 진단 도구를 제공하기 위해서다.

우리는 기업에서 사용하는 최고의 조사 도구에 버금가는 진단 도구를 시장 가격보다 훨씬 저렴한 가격에 지역교회에게 제공하려고 한다. 이 도구는 학술 잡지에 기고하는 사회 과학적 연구 결과를 마련하기 위한 것이 아니라 교회 지도자들에게 실행 가능한 통찰력을 제공한다는 측면에서 '순수' 조사라기보다는 '응용' 조사이다.

다시 말하면, 우리의 조사 기반을 장기적인 연구로 강화시키고 싶지만 우리는 특정 시점에 조사한 자료를 바탕으로 영적 태도와 행동의 영향력과 예측 가능성을 찾기 위해 차별적 분석 방법을 사용하기로 결론을 내렸다. 이 접근방법은 이 땅에서 가장 존경받는 성공적인 기관들 중 일부가 의사결정을 내리는데 일상적인 영향을 끼치는 가장 엄격한 시장 조사의 기준치를 만족시킨다.

> *3. 연구는 과학일 뿐만 아니라 예술이다.*

우리 연구의 예술적 요소가 매우 확고한 토대 위에 있다.

　우리의 연구 결과의 바탕이 되는 데이터는 과학이라는 차원에서 이해가 되고 설득력이 있지만, 우리는 수년의 경험에서 나오는 판단에서 우러나오는 전문가의 예술이라는 차원에서도 많은 유익을 얻었다. 이번 연구에 가장 적합한 두 명의 조사 전문가는 거의 50년 동안 폭넓은 조사 프로젝트에 종사해 왔다. 에릭 안슨Eric Arnson은 Proctor & Gamble 사에서 소비자를 대상으로 한 양적 조사 분야로 그의 경력을 시작했고 나중에는 McKinsey and Company를 위한 브랜드 전략의 북미 리더가 됐다. 테리 슈바이처Terry Schweizer는 세상에서 가장 큰 소비자 시장 연구 단체에 20년 동안 있었으며, 발견REVEAL의 마지막 발전 단계에 전임full time으로 헌신하기 전까지는 시카고 지사를 경영했다. 에릭과 테리는 그들의 전문성과 판단력을 쏟아부어 본서의 연구 결과를 이끌어 내었기에, 우리 연구의 예술적 요소가 매우 확고한 토대 위에 있다는 자신감을 갖게 만든다.

각 변화의 상위 5위의 촉진요소에 대해

당신이 이미 눈치챘을지도 모르지만, 가장 영향력이 큰 요소들의 순서가 변화 1과 변화 2를 위한 상위 다섯 가지 영적 촉진요소의 목록과 영적 촉진요소의 네 가지 독립적인 영역 사이에 약간의 차이가 있다. 예를 들어, 〈표 2-7〉42쪽은 말씀 묵상이 각 단계의 변화마다 가장 영향력이 큰 개인 영적 훈련임을 보여 준다. 하지만 변화 1과 변화 2표 3-5와 3-9, 59, 67쪽에서 상위 다섯 가지 촉진요소 목록을 보면, 말씀 묵상보다 기도가 영향력이 더 큰 것같아 보인다. 이런 모순은 차별적 분석 때문에 나타나는 현상이다.

　각각의 변화마다 상위 다섯 가지 촉진요소들은 차별적 렌즈를 가지고 50개 이상의 영적 요소에 대해 모두 평가함으로써 결정되는데, 이로 인해 때로는 한 요소의 예측 가능성이 다른 요소의 그것을 재조정한다. 이런 일은 한 요소의 예측 가능성의 일부가 다른 요소와 공유될 때 일어난다. 예를 들어, 이미 언급했듯이, 세 가지 변화 전반에 걸쳐 개인 영적 훈련 영역을 살펴볼 때 말씀 묵상은 기도보다 영적 변화를 일으킬 예측 가능성이 높았다. 하지만, 말씀 묵상이 50개 이상의 촉진요소와 함께 분석되었을 때에는 영향력의 강도가 은혜로 받은 구원과 같은 다른 요소와 어느 정도 분산되는 것을 볼 수 있다. 이런 경우에는, 두 가지 단계 사이의 차이점을 가장 잘 설명하는 상위 다섯 가지 촉진요소의 최상의 조합을 차별적 분석을 통해 찾기 때문에 말씀 묵상의 예측 가능성이 은혜로 얻는 구원의 요소로 설명되어 말씀 묵상이 기도보다 더 낮은 서열에 매겨졌는지도 모른다.

혼동스러운가? 이것에 대해서 좀 다른 각도에서 생각해 보자. 다섯 가지의 주요 식품군인 곡물, 야채, 과일, 낙농제품과 육류를 포함한 먹이 피라미드를 생각해 보자. 각각의 식품군마다 영양이 많은 음식들을 서열대로 나열할 수 있다. 하지만 어린아이에게 가장 좋은 식단을 찾기 위해 가능한 음식들을 다 모은다면, 높은 순위에 열거된 영양가 있는 음식들이 식단 목록에 없을 수도 있다. 두 가지 이유가 있다. 첫째, 영양소의 가장 좋은 조합을 찾을 때, 어린아이들에게는 어떤 식품이 다른 식품들보다 더 필요할 것이고, 바로 이것이 목록에 영향을 준다. 둘째로, 어떤 식품들이 비타민과 영양소를 가지고 있는데 다른 식품에도 이 비타민과 영양소가 겹칠 수 있다. 이럴 때에는 최상의 식단에 오르는 곡물, 야채, 그리고 다른 음식들에게 영향을 미친다. 그러므로 어린아이에게 가장 좋은 식단에는 각 식품군에서 최고로 영양이 많다고 했던 음식이 포함되지 않을 수 있고, '최고의' 식품 서열 또한 바뀔 수 있는 것이다.

이것은 영적 성장의 세 가지 변화를 위한 최고의 영적 촉진요소의 조합을 찾기 위한 우리의 노력과 유사하다. 모든 영적 촉진요소들을 차별적 분석이라는 하나의 양동이 안에 붓는 것은, 모든 요소의 예측 가능성이 서로의 관계에 영향을 주어 재조정되기 때문에 가장 영향력이 큰 상위 다섯 가지 서열이 바뀔 수 있다는 것이다.

연구 기준

요약하면, 우리는 이용할 수 있는 최상의 연구 기준을 사용했는데, 여기에는 수백 개의 다양한 교회를 대상으로 확실한 질적 연구와 세 가지 물결의 양적 조사가 포함되었다. 아직 할 작업이 많이 남았지만, '나를 따르라'에 수록된 통찰력과 연구 결과들은 높은 수준의 탁월한 연구 때문에 가능했다고 확신한다.

부록 3

조사에 참여한 200개의 교회들

2007년 8월에 우리는 WCA 리더십 서밋[1]에 참석한 교회 지도자들에게 발견REVEAL, 영적 삶 조사 도구의 마지막 개발 단계에 비용 없이 참여할 기회를 제공했다. 이 조사는 모든 교회 지도자들이 그들의 신자들의 영적 건강을 측정하기 위해 활용할 수 있다 더 자세한 내용은 부록 4, "발견, 영적 삶 조사란 무엇인가?"(156쪽)를 참고하라. 준비된 500개의 자리에 대략 1,700개의 교회들이 지원했고, 그 중 몇 백 교회는 미국 밖에 있었다. 우리는 조사를 2차에 걸쳐 실시했다. 2007년 9월에서 11월까지 200개의 교회들, 그리고 나머지는 2008년 1월에서 2월까지. '나를 따르라'의 연구 결과는 2007년 9월에서 11월까지 조사한 200개 교회의 자료에 기초했다.

500개의 교회들을 선택할 때, 우리는 다양한 지리적 위치, 크기, 교단, 그리고 스타일과 같은 여러 인구학적 요소들이 균형을 이루도록 최대한 노력했다.[2] 참여하기를 자원한 1,700개 교회의 인구학적 정보에 제한되었지만, 우리는 샘플 교회들이 다양한 교회, 모델, 그리고 형식으로 섞여 있어서 만족스러웠다. 다음 내용은 '나를 따르라'에 등장하는 200개 교회의 간략한 개요다.

> 우리는 다양한 교단 가운데 인구학적 균형을 이루도록 최대한 노력했다

---

1) 2007년 리더십 서밋에 32개 국가에서 온 10만 7천 교회 지도자들이 참석했다. 미국과 캐나다에서 온 지도자들은 7,200개의 교회들을 대표했다.

2) 우리는 500개의 자리에 지원한 모든 교회들에게 12가지 선택사항 가운데 자신의 교회를 가장 잘 표현하는 세 가지 단어들을 선택하라고 부탁했다. 예를 들어 현대적, 보수적, 선교지향적, 구도자에게 친절한, 다문화적, 혁신적 등. '스타일'은 교회 지도자들이 자신의 교회를 표현하는데 가장 어울린다고 선택한 단어로 표현된다.

지리와 크기

〈표 A3-1〉과 〈표 A3-2〉는 지리적 위치와 크기에 따라 200개 교회들의 분포를 보여 준다 주말 예배 참석 수에 기초했다.

4개 중 3개 지역의 교회들이 90퍼센트를 차지하며, 각 지역은 샘플의 3분의 1 정도를 차지한다. 남부는 텍사스와 플로리다와 같이 인구밀도가 높은 주들의 영향으로 좀더 높게 나타난다. 북동부는 전체 교회들의 10퍼센트밖에 안 된다.

주말 예배 참석률은 전체 샘플 가운데 비교적 균형 잡힌 분포를 보여 주는데, 가장 규모가 큰 두 영역 2,500명 이상에서 14퍼센트, 그리고 규모가 작은 영역 250 이하에서 16퍼센트였다.

표 A3-1
200개 교회의 지리적 위치

미국의 지역	포함된 지방	조사한 200개 교회의 비율
북동	뉴잉글랜드	3%
	중부 대서양 연안	7%
중서부	북동 중앙	18%
	북서 중앙	12%
남부	남부 대서양 연안	13%
	남서 중앙	3%
	남동 중앙	17%
서부	산악지대	10%
	태평양 연안	17%

새로운 통찰력

표 A3-2
200개 교회의 주말 예배 참석 수

주말 참석 수(성인)	조사한 200개 교회의 비율
100 이하	5%
100–249	11%
250–499	20%
500–999	29%
1,000–2,499	21%
2,500–4,999	10%
5,000 이상	4%

모든 교회의 평균 출석수는 250명 이하이기 때문에, 우리는 이 조사가 미국 내 모든 교회의 대표성을 보여 주는 것이 아님을 알고 있다. 하지만 이번 조사 단계의 목적을 위해서, 우리는 대표적인 것보다 여러 크기의 교회에서 조사를 함으로 널리 사용할 수 있는지 실험해 보는 것에 더 관심이 컸다.

교단과 스타일

교단과 스타일의 조합은 윌로크릭의 리더십 서밋에 참석할 가능성이 높은 교회의 영향을 받았다 표 A3-3과 표 A3-4, 154-155쪽.

특정 교단에 가입되어 있지 않은 교회와 침례 교회를 합하면 200개 교회의 50퍼센트 이상을 차지했지만, 감리교나 루터교 같은 다른 교단들도 포함되어 있었다. 스타일은 참여한 교회들이 자신의 교회를 가장 잘 표현한다고 생각하고 선택한 세 가지 단어들을 반영했다. 가장 선호도가 높은 단어는 현대적, 복음

주의, 그리고 구도자에게 친절한 것이었지만, 자신들을 그렇게 표현하지 않은 교회들이 많다는 사실도 중요하다. 우리의 목표 중 하나는 특정한 교회 모델, 크기, 또는 지리적 위치가 연구 결과를 지배하지 못하도록 적절한 분포도를 형성하는 것이었다. 윌로크릭교회는 우리의 이번 조사 단계에는 포함되지 않았다.

표 A3-3
200개의 교회의 교단들

교단	조사한 200개 교회의 비율
특정 교단에 소속되지 않은	32%
침례교	21%
감리교	9%
장로교/개혁	8%
하나님의 성회/하나님의 교회/오순절	5%
복음주의 자유	5%
루터교	4%
기타	16%

요약하면, '나를 따르라'의 연구 결과에 포함된 200개 교회의 인구학적인 혼합 비율은 우리의 조사 도구가 많고 다양한 종류의 교회들에게 근거가 확실하고 귀중한 통찰력을 전달할 수 있는지를 확인할 수 있는 좋은 기회를 제공했다. 이것이 우리의 주된 목표였다. 도심에 위치한 작은 교회든지, 혹은 교외에 위치한 독립교단의 대형교회든지 간에 우리가 동일한 가치를 전달할 수 있는지 확인하는 것이 주된 목표였다.

부록 3

표 A3-4
200개 교회의 스타일

교회 스타일 *	조사한 200개 교회의 비율
현대적	70%
복음주의	61%
구도자에게 민감한(구도자에게 친절한)	61%
혁신적	45%
비전지향적	41%
선교지향적	38%
보수적	18%
다문화적	16%

* 다중응답이 가능했다. 각 교회는 묘사를 3개까지 선택했다.

우리의 두 번째 목표는 우리가 이전에 대략 30개의 교회들을 상대로 실시했던 조사에서 나온 연구 결과들을 가지고 더 크고 더욱 다양해진 데이터베이스와 비교해서 타당성을 검토하며 새로운 통찰력을 찾는 것이다. '나를 따르라'는 영적 성장 과정에서 변화에 가장 영향력이 큰 영적 촉진요소를 발견하는 일에 집중해서 얻은 새로운 통찰력을 설명한다. 우리의 주된 목표와 관련해서 우리는 500개 교회들에게 조사에서 얻은 연구 결과를 각 교회 별로 보고하는 과정에 있다. 그들의 반응을 보면 이 정보의 가장 중요한 목적이 달성되었는지를 알 수 있을 것이다.

부 록 ④

발견 REVEAL, 영적 삶 조사란 무엇인가?

영적 삶 조사는 신자들의 영적 성장을 비교 평가하며 추적하는 검증된 방법이다. 이 조사는 출석수나 헌금과 같은 수치를 파악하는 것을 넘어서 사람들이 그리스도를 닮아가는데 교회가 진정으로 도움을 주는지를 판단한다. 익명으로 회중에게 실시하는 이 온라인 조사는 이해하기 쉽고 관리하기 간단하며 변화를 감시하기 위해 이후에도 반복할 수 있다. 많은 양의 데이터베이스는 500개 넘는 교회에 15만 7천 명 이상의 신자들, 20개의 교단과 19개 국가 당신의 결과를 다른 교회들과 비교할 수 있도록 해 준다.

우리 교회가 이 도구를 사용해야 하는가?

영적 성장에 관해서 우리는 보이지 않는 것을 측량할 수 있어야 한다. 영적 삶 조사를 사용하는 교회는 신자들의 영적 태도, 동기, 행동과 만족도에 대한 깊은 이해를 얻을 수 있다. 이 조사는 교회 지도자들이 신자들의 그리스도를 향한 변화의 과정을 이해할 수 있도록 하며, 사역을 위한 노력과 자원의 배분이 진정으로 교회 안에 있는 사람들에게 영적 건강을 제공하는지를 볼 수 있게 해 준다.

영적 삶 조사는 무엇을 제공하는가?

- **5년간 3회의 조사:** 기본 조사와 이어지는 2회의 조사. 후속 조사는 5년의 기간 내에 아무 때나 실행할 수 있다.
- **영적 삶 진단 보고서:** 선행된 조사의 결과나 발견 REVEAL의 데이터베이스에 들어 있는 다른 교회들의 결과들과 비교하여 당신 교회의 영적 프로파일을 벤치마킹할 수 있다.
- **부대적인 마케팅 자료:** 영적 삶 조사에 대해 신자들에게 소개할 수 있도록 돕기 위해 마련되어 있다. 여기에는 신자들의 참여와 인식을 높이기 위한 인쇄물의 샘플과 이메일 통신 자료들 등의 도구가 포함되어 있다.

발견 REVEAL 영적 삶 조사에 대한 목회자들의 반응

2007년 5월에, 우리는 미국에서 30개 이상 교회의 신자들을 조사한 결과를 각 교회에 전달했다. 그 교회들 가운데 몇몇 목회자들이 조사의 결과가 자신들의 사역에 어떤 영향을 미쳤는지에 대해 소감을 밝혔다.

Discovery Church
발견교회

"이 프로젝트로 우리는 발견교회를 진정으로 다시 발견할 수 있었습니다. 나는 교회의 리더십 팀에게 조사 결과들을 바탕으로 우리가 지금까지 하고 있던 사역을 개선할 수도 있지만, 대대적으로 혁신적인 변화를 시도할 것을 제안했습니다. 그리고 우리는 혁신의 길을 선택했습니다."

"우리는 사명 선언문을 바꾸는 것부터 시작했습니다. 이전의 사명 선언문도 우리에게 도움이 되었지만, 발견의 연구 결과에 비추어 볼 때, 사람들이 우리 교회에서 무엇을 기대하는지 우리의 책임, 그리고 모든 신자들을 향한 성경적인 도전이 무엇인지 그들의 책임에 대한 개선된 의사소통 방법이 필요하다고 생각했습니다. 우리의 새로운 사명 선언문입니다. '그리스도 중심의 인생을 추구하도록 강화하기.' 우리는 이 새로운 사명 선언문에 기초해서 모든 독신 사역, 사역 활동, 직원 고용, 그리고 모든 인적 자원을 평가하고 있습니다. 우리는 오랫동안 느끼지 못했던 높은 수준의 명쾌함, 방향성, 효과와 에너지를 경험하고 있습니다."

데이비드 러브리스, 담임목사 (올랜도, 플로리다 주)

Faith Church
믿음교회

"발견REVEAL 조사를 실시하기 전까지 우리는 우리가 실행하고 있는 사역이 발견의 주요한 연구 결과에 일치한다고 생각했습니다. 하지만 신자들이 조사에 참여한 후에 우리는 비전과 사명을 발전시키고 더 예리하게 할 수 있는 새로운 길을 보게 되었습니다. 이제는 각 사람의 영적 여정의 지점에 따라 사람들의 마음을 변화시키는 촉진요소가 무엇인지 더욱 잘 이해하게 되었습니다. 우리는 각 단계에 있는 사람들을 강화시키며 지원해 주어 그들이 그리스도 안에서 풍성한 삶을 살면서 이전에 경험해 보지 못했던 책임감을 가지고 살아가도록 준비시키기를 원합니다."

밥 바우어, 담임목사 (다이어, 인디애나 주)

Vineyard Community Church
포도원교회

"우리가 조사에 참여한 결과, 우리 교회의 영적 성장과 성숙에 금이 가 있다는 것을 발견했습니다. 삼키기 힘든 '진실의 약'이었지만 긍정적인 면도 있었습니다. 수년 동안 우리는 자원이 부족한 사람들을 섬기는 것이, 특별히 성숙한 신자들에게는 영적 성장의 결정적인 요소일 것이라고 추측해 왔습니다. 그래서 그 분야에 많은 지원을 했습니다. 이러한 사실이 데이터를 통해 입증되는 것을 보는 것은 기분 좋은 일이었습니다."

"매년마다 우리 리더십 팀은 전략적 구상을 합니다. 그러면 사역 책임자들이 그 구상을 토대로 자신들이 달성해야 할 목적과 계획을 발전시켰습니다. 이러한 구상은 보통 우리가 감지하는 필요들과 영적인 직감에 근거해서 만들어졌습니다. 그런데 그 필요를 파악하는 것이 결코 쉽지 않았는데 발견 조사 결과는 우리에게 중요한 '진실의 정보'를 전달해 주었습니다. 또 우리는 자료를 우리가 가르쳐야 할 주제를 결정하는데 활용했고 조사를 통해 발견한 영적인 차이도 메울 수 있었습니다."

"발견 조사를 통해 여러분 교회의 진실을 밝혀보십시오. 안전벨트를 메고 말입니다."

데이브 워크먼, 담임목사 (신시내티, 오하이오 주)

그렉 L. 호킨스 Greg L. Hawkins

윌로크릭교회의 행정목사다. 그는 1996년부터 윌로크릭의 5개 캠퍼스와 윌로크릭 협회에서 전략적 지도자로 일하면서 담임목사인 빌 하이벨스를 돕고 있다. 또한 그는 교회들이 신자들의 영적 성장에 대해 더 잘 이해할 수 있도록 돕는 조사도구를 활성화시키는, WCA의 발견REVEAL이라는 새로운 사역의 핵심 지도자로 섬기고 있다. 1991년부터 윌로크릭의 스태프로 몸담기 전 5년 동안 맥킨지McKinsey & Company에서 컨설턴트로 일했다. 그는 텍사스 A&M 대학교에서 토목 공학으로 학사, 스텐포드대학교에서 MBA를 전공했다. 그렉과 그의 아내 린은 세 자녀와 함께 시카고 교외에서 살고 있다.

캘리 파킨슨 Cally Parkinson

교회가 신자들의 영적 성장에 대해 더 잘 이해할 수 있도록 돕는 조사도구를 활성화시키는, WCA의 발견REVEAL이라는 새로운 사역의 브랜드 매니저다. 그녀는 올스테이트 보험회사에서 25년의 경력을 쌓은 뒤, 윌로크릭교회에서 커뮤니케이션 책임자로 섬겼다. 올스테이트에서는 전략적 기획, 연구, 재정과 커뮤니케이션 등의 다양한 분야에서 고위 간부직을 맡았다. 그녀는 Depauw대학에서 학사과정으로 언어학을 전공했고, American Graduate School of International Management에서 석사를 받았다. 캘리와 남편 리치는 시카고 교외에서 살고 있고 성장한 두 자녀가 있다.

옮긴이 _ 김명호

총신대학교와 합동신학교를 졸업했으며 트리니티복음주의신학교에서 성인교육으로 박사학위Ph.D.를 받았다. 사랑의교회 목사이자 국제제자훈련원 대표로 사역하고 있으며, 합동신학대학원대학교에서 실천신학을 강의하고 있다.

이기는 교회들을 위한 비전, 훈련, 자료

이 자료는 당신을 섬기고 당신이 이기는 지역 교회를 세울 수 있도록 돕기 위해 제작되었다. 윌로크릭협회에서 출판한 다양한 사역도구 중에 하나다.

윌로크릭협회WCA는 교회에 나가지 않는 사람들이 온전하게 헌신된 그리스도의 제자로 변화될 수 있도록 헌신되어 교단의 스펙트럼을 뛰어넘어 급성장하는 교회들을 섬기기 위해 1992년에 설립되었다. 현재 WCA에는 90개 이상의 교단에서 전세계적으로 12,000 교회가 멤버로 등록되어 있다.

WCA는 서로 같은 생각을 가진 기독교 지도자들이 서로 전략적 비전 수립, 훈련 자료를 가지고 네트워크를 형성하도록 도와준다. 그 이유는 잠재된 구속적 사명을 감당하도록 고안된 이기는 교회를 세우도록 돕기 위함이다. 다음 내용은 WCA가 하고 있는 사역의 일부다.

- **리더십 서밋** | 그리스도인들을 리더십 은사와 책임의 비전을 제시하며 무장시키는 1년에 한번씩 개최되는 2일간 하는 콘퍼런스이다. 윌로크릭교회의 캠퍼스에서 실황으로 진행되며 동시에 전 북미에 걸쳐 135개 지역에 위성으로 중계되고 있다. 여기에 비디오 콘퍼런스가 전 세계 80개 도시에서 개최된다. 이 사역은 목회자와 사역자들, 자원봉사자들, 평신도 사역자들에게 리더십의 역량을 강화시키기 위해 마련되었다.

- **특별한 사역 컨퍼런스** | WCA는 윌로크릭의 주 캠퍼스와 지교회를 비롯하여 전 북미와 세계 곳곳에서 일년 내내 다양한 콘퍼런스와 훈련 이벤트를 제공한다. 이러한 사역들은 소그룹과 어린이 사역, 청소년 사역, 설교와 가르침, 예술 사역과 청지기 사역 등의 분야에서 섬기는 교회의 지도자들과 자원봉사자들을 위해 마련되었다.

- **Willow Creek 자료®** | 리더십, 자원봉사 사역, 영성 형성, 청지기 사역, 복음 전도, 소그룹, 어린이 사역, 청소년 사역, 예술 사역 등과 관련한 믿을 만하고 현장에서 검증된 사역의 자료들을 교회에 제공한다.

- **WCA 멤버에게 주는 혜택** | WCA에서 개최하는 훈련 이벤트마다 멤버십 할인, 모든 윌로크릭 자료를 20퍼센트 할인, 리더들을 위한 월간 오디오 잡지 *Defining Moment*, 계간으로 발행되는 잡지, 웹사이트 WillowNet의 멤버만을 위한 섹션 접근허용, 매월 소식지를 받아보는 메일 등이 포함되어 있다. 멤버들은 또한 WCA의 늘어나는 사역 파트너인 Select Service Providers를 통해 특별할인을 받을 수 있고, 참여도에 따라 매년 500달러를 절약할 수 있다.

WCA 컨퍼런스, 자료, 멤버십, 다른 사역에 대한 더욱 자세한 정보는 다음 연락처를 참고하라.

Willow Creek Association
P.O. Box 3188 • Barrington, IL 60011-3188 • Phone: 847-570-9812
www.willowcreek.com

국제제자훈련원은 건강한 교회를 꿈꾸는 목회의 동반자로서 제자 삼는 사역을 중심으로 성경적 목회 모델을 제시함으로 세계 교회를 섬기는 전문 사역 기관입니다.

Originally published in the U.S.A. under the title: *Follow Me*
Copyright ⓒ 2008 by Willow Creek Association
Published under a license from Willow Creek Association.
Used and translated by the permission of Willow Creek Association
Through DMI press, Seoul, Korea.

Korean translation copyright ⓒ 2009 by DMI press,
1443-26, Seocho-dong, Seocho-gu, Seoul 137-865, Korea.

본 저작물의 한국어판 저작권은 Willow Creek Association과 독점 계약한 국제제자훈련원에 있습니다.
신 저작권법에 의해 한국 내에서 보호받는 저작물이므로 무단 전재 및 복제를 금합니다.

나를 따르라: 당신의 다음 단계는 무엇일까?

초판 1쇄 인쇄	2009년 10월 30일	초판 1쇄 발행	2009년 11월 4일

지은이 | 그렉 L. 호킨스, 캘리 파킨스
펴낸이 | 김명호　　　　　　　펴낸곳 | 도서출판 국제제자훈련원

기획책임 | 박주성　　　　　　 마케팅책임 | 김석주
편집책임 | 김순덕　　　　　　 디자인 | 국제제자훈련원 디자인실

등록 | 제22-1240호(1997년 12월 5일)
주소 | (137-865) 서울시 서초구 서초1동 1443-26
e-mail | dmipress@sarang.org　　홈페이지 | www.discipleN.com
전화 | 편집부 (02)3489-4310　영업부 (02)3489-4300
팩스 | 편집부 (02)3489-4319　영업부 (02)3489-4309

책값은 표지에 있습니다.
ISBN 978-89-5731-418-0 03230

● 독자의 의견을 기다립니다.